分野

Differentiation

顯明差異，練達成長心態

U0130409

陶兆輝 劉遠章 著　劉遠章 插圖

序：心態是成功與失敗的最大分野

陶兆輝博士是香港其中一位最早引入教練學 (Coaching) 的學者，我們於 2002 年出版香港第一本中文教練學的專書《人生教練》，之後亦陸續出版了多本相關的書籍。今天，教練學在香港已經廣被接受，教練學是一門非常實用的助人自助的學問，以非引導 (non-directing) 方式促進思考，助人解決難題，自行發現 (self-discovering) 盲點和找出答案，藉此達到卓越的成果。教練學是一門博大精深的學問，既是技術也是藝術，所應用的技術日新月異，本書主要介紹教練學兩個非常重要的核心概念：分野 (differentiations) 與及心態重整 (mindset reediting)。

什麼是分野？對於生物學的學生來說，他們必須要弄清楚不同專有名稱的分別差異，例如，「物種」(species)，所謂同一物種，是指會交配而能夠生殖出有相同特徵的身體的下一代；物種的上一層是「屬」 (genus)，如獅子、老虎，雖然並不是同一物種，但在身體、型態、特徵方面都有很多相似之處，因為他們都是同屬於「豹屬」(panthea)；而「屬」的再上一層是「科」(family)，同一「科」之內的所有動物，都能追溯到最早的祖先，如獅子、老虎、家貓，牠們都是「貓科動物」，狗、狼、狐狸是「犬科動物」，不管是巨大強悍的獅子還是嬌小溫柔的小貓咪，其實都可能是在數萬年前是來自同一祖先。科之上還可以分為「目」(order)、「綱」(class)、「門」(phylum)、「界」(kingdom) 和「域」(domain) 等。

科學的基礎是必先要弄清楚「這是什麼？」「有何差異？」「如何區分？」，否則就無從分析，難以開展更深入的研究。

簡單地說，分野是把雜亂無章的東西加以區分、鑒別、辨識和找尋差異，就如把混亂的工作桌面加以整理，才能夠更有效工作。自然科學重視客觀理性，要區分差異都尚算容易，但在抽象主觀的人類思維和心理行為學上，是更加複雜難解。生活上的難題往往並不是來自問題的本身，而是因為缺乏分野的能力，把毫不相干的概念和情況混為一談，把不同的概念扭成千絲萬縷混作一團，結果是在心理上增添千愁萬緒，亂上加亂。

缺乏分野能力的人常常無法客觀思考，容易被混亂所牽絆。人生的成與敗，關鍵可能是在於你的分野能力有多強。以分野來教練 (Coaching by Differentiations) 是非常有效的技術，目的是讓人理清概念，不要被混淆不清的、先入為主的觀念所困惑，讓自己看得更清楚，保持客觀理性，很多時候當腦袋清晰了，困擾你的難題就能夠迎刃而解。

本書的另一個主題是心態重整，一說起調整心態 (mindset)，很多人的腦海中都會出現這個圖像，就是走上天台或者對着大海高呼：「我很棒」、「我要成為最成功的……」之類，或者是要移走生活中所有負面的言詞，避免對孩子有負面的標籤，只稱讚孩子「你好聰明！」、「你真了不起！」、「你的表現真好！」、「你真的是一個天才」等等的説話，以為這樣就會使人的自尊心提升，心態就自

然轉變。事實剛好相反，這種虛假的、沒有實質內容的讚美，不單只對提升自尊心毫無幫助，更會容易陷入固化心態之中。

近年西方學者對心態 (mindset) 研究的成果相當豐碩，當中最具代表性的是史丹福大學心理學教授 Carol Dweck，她的暢銷書《心態致勝》*(Mindset: The New Psychology of Success)* 暢銷全球，她的研究發現成功與失敗的學生最大的分別，是取決於心態，她認為心態基本上可以分為固化心態 (Fixed mindset) 及成長心態 (Growth mindset) 兩大類型。持固化心態的人認識相信自己的能力和才華最不會改變的，固定的，常常感到生活動彈不得，害怕失敗，遇到困難時會容易放棄；而持成長心態的人相信改變，會視失敗為學習的機會，他們擁抱挑戰，掌握不同的學習機會。

Coral Dweck 的學說看似非常簡單，但內裏卻包含着非常複雜的心理學和腦神經科學的機制，包括腦部的如何運作，腦神經細胞如何配合人的心態度而作出調整、我們如何學習得更有效能，如何擁抱失敗，與及調節心態等。所謂心態決定狀態，心態是達致成功的基石，這是教練學非常重要的概念和工具，本書以「心態理論」為綱領，以「分野理念」為經緯，從簡單和通俗化的角度，把這理論實踐和應用到教練學當中。

「分野」和「心態」兩個理論是互不從屬，但卻不謀而合，都互相促進，都是強調不要固步自封，要跳出框框，爭取更多的身心

資源，更有彈性地面對生活中的種種困境，心態是成功與失敗的最大分野。

世界唯一不變的是改變本身，在科學上更加沒有一成不變的束西。物種 (species) 這個字是來自希臘文 eidos，是指「不會改變」的意思，在 19 世紀或以前，科學家認為所有物種都是已經被設計好，即使生命是生生不息，但人們仍堅信物種的生命形態是不會改變的，這觀念使得當時的生命科學發展幾乎停滯不前。科學發展如此，人的心態亦是一樣，如果你總是持續的固化的心態，認定自己的能力、智力甚至命運是無法改變的，致使他們浮沉一生、停滯不前，這是多麼可惜的事！

本書分為三個部分，第一至第三章節介紹「成長心態」和「分野」的基本概念，並分析人停滯不前的原因。第四、五、六章節講述人的腦袋的運作，失敗是常態和心智模式是如何影響你的生活。最後部分介紹 21 組容易使人迷惘的概念，與及 12 種心態重整心態的方法。

本書希望可以促進你思考關於自我成長，是人生不可忽視的課題，唯作者才疏學淺，知識有限，書中有不少粗疏錯誤之處，請各位讀者包涵指正，萬分感謝！

陶兆輝、劉遠章

2018 年 12 月

目錄

第 3 章
分野的藝術 1
The Art of Differentiation I
相似但不同

第 4 章
大腦運動學——
動動腦筋，我都做得到

第 5 章
向失敗學習──
成功地失敗的學問

第 6 章
轉換說法，轉換心態
Change Your Words, change Your Mindset

第 7 章
分野的藝術 2
21 組破除迷惘的關鍵詞

第 8 章
改變心態——
從固化到成長的 12 種方法

第 1 章

成長心態
Growth Mindsets

哲學家與不治之症

16 世紀法國思想家蒙田（Michel de Montaigne 1533-1592）在 45 歲時辭官歸田，預備專心思考和寫作，但很不幸，他患上了腎結石。這絕對是悲慘的厄運，病發的時候，會嘔吐、發燒、劇痛一起來襲，小便時更是痛得像被火灼似的，而且在那個年代，腎結石是無法醫治的疾病，他無法止痛，無法逃避，受盡折磨，痛不欲生。

蒙田就是在病魔的煎熬下完成了鉅著《隨筆集》[1]，在書中，他提到他是沒有刻意抗拒這疾病的，因為對抗是一點用處都沒有，他只是改變了自己的心態，既然這是無法逃避的痛苦，唯一可以做的是學會與它相處，慢慢地，他知道要依着自己身體的感覺而生活，疾病是他人生的一部分。既然最終都是躲不過它，倒不如正視它的需要，盡量與它共處。

他是如何與病魔共處的呢？他列出了 3 個秘訣，可以供世人參考：

1. 他發現不少他尊敬的名人都曾患上腎結石，能夠與這些人士患上同一種病，不失為一種榮幸；
2. 他慶幸自己在晚年（在那個年代，40 多歲已經是步入晚年了）才發病，能讓他可以好好享受美麗的青春年華；
3. 他的朋友常常稱讚他對抗疾病的意志堅強，不屈不撓，對他來說這讚美是非常悅耳和充滿意義的。[2]

在苦難中，蒙田領悟到一個重要的人生道理，疾病是不請自來的，死亡也是無法逃避的，既然如此，有什麼事情是不能冷靜面對？他成功地調節了自己的心態，學習在疾病中找到痛苦的正面意義，這是支撐他繼續尋找生存下去的理由，能夠走出生命的幽谷，成就了文藝復興時代法國其中一位最偉大的思想家。

1. 蒙田著，潘麗珍、王論躍 譯 (2016)《蒙田隨筆全集》，臺灣商務印書館股份有限公司。
2. Hamilton, Christopher (2014). *How to Deal with Adversity*, School of Life, Macmillan. PP. 90-96.

雖然遭到病魔煎熬，但相對絕大部分生存在那個時代的歐洲人來說，蒙田絕對是一位幸運兒，不但名成利就、活得很精彩，而且壽命比同年代的人都要長。人類的歷史一直都是在苦難的環境中搏鬥，在洪水猛獸、天災人禍、戰爭、飢荒、瘟疫等的威脅中掙扎求存。在蒙田死後 100 年，歐洲糧食嚴重失收，飢荒橫掃整個歐洲，法國有 80 萬人餓死，佔總人口的 5 分之 1，芬蘭就減少了 3 分之 1 的人口，其他國家的災情亦非常嚴峻。時間再向前推進 200 年，在 14 世紀時，歐洲發生了特大的瘟疫「黑死病」，造成了差不多 2500 萬人死亡，佔歐洲總人口的一半。在當時，只要是有任何天災或人禍發生，就可以輕易奪走人口中很大比例的性命，人命是多麼的脆弱！

生活在 21 世紀的我們，實在是較蒙田幸運得多，起碼在現今把他折磨得死去活來的腎結石，是可以透過簡單的外科手術根治，而當中所帶來的痛楚是可以用藥物來紓緩。到了今天，雖然多種瘟疫及各種傳染病基本上已受控，而在大多數發達國家中，飢荒的威脅已經大致清除，但人類面臨的問題和困窘仍舊接踵而至。

在惡劣環境之下，人要存活下來，依靠的不單是強壯的身體、豐厚的財產、上天的保佑，更加重要的，是如蒙田一樣，擁有堅強的心態，視不幸的遭遇和苦難為生存下去的動力。人類成功的原因之一，是我們擁有非凡的彈力和韌性，能夠在惡劣的情況下調

整心態，跌倒了，爬起來，拍拍身上的灰塵，撫摸一下傷口，然後繼續上路。

正如蒙田所說：「如果只是要避開命運的鞭撻，找個洞穴躲起來，這不是美德，而是怯懦的行為，不論風暴如何強烈，任憑天崩地裂，都要繼續走自己的道路。」

在惡劣的環境之下，要麼努力掙扎求存，要麼就是被滅亡或者淘汰，而可以繼續活下去的重要原因，就是保持掙扎求存的心態。

什麼是心態？

成功與失敗最大的分野是來自不同的心態。

喜歡攝影的朋友都知道，運用不同的鏡頭所看到的世界是不同的，鏡頭是由光學玻璃組成的透鏡，透過它可以拍攝出完全不同的效果，例如用變焦鏡或者是廣角鏡，拍攝出來的效果是截然不同的。

什麼是心態？心態是你的思想，信念和期望，是你用來觀看這個世界的鏡頭[3]，它是潛藏心內用來解釋和認知周遭事物的基本假設，你是通過它來感知世界，你用的鏡頭不同，你觀察到的事物角度、體驗和視野都會有所不同，對事物的觀念和想法當然是有所分別，結果也當然不同。

心態影響你的想法，想法決定做法，不同的做法帶來不同的結果，所以，什麼樣的結果絕對是取決於你有什麼心態，心態甚至決定了你是一個什麼樣的人。

3. Oppong Thomas (2017) "The Mindset Advantage - How Your Mental Frame Affects Your Behavior and Performance". https://medium.com/the-mission/the-mindset-advantage-how-your-mental-frame-affects-your-behavior-and-performance-1b08aa4c2d97

我認識了一位劉先生，你可能都認識他，因為像他這樣的人在你身邊總是俯拾皆是。劉先生是一個大胖子，已接近退休之年，長得不算高，卻有一個直徑接近兩英呎的大肚腩，他很喜歡吃，毫無節制地吃，不肥膩的東西不吃，特別是那美味無比脂肪極高的紅燒肥豬肉。他年紀也大了，身體當然不好，三高糖尿病永遠纏繞着他。他的老婆、兒子、親友都勸他不要吃那麼多，但無論他們如何苦口婆心都是沒有用。常常掛在劉先生嘴邊的一句話就是：「食得是福。」他的兒子勸告他不要吃那麼多，但他總是憤怒地回應，能吃是一種福氣，不容許他吃就是剝奪了他的幸福呀！

在劉先生腦袋裏有一個非常強橫的信念，是根深柢固不能動搖的，沒有人可以改變，無論任何人都沒辦法説服他。不讓他吃，就是不讓他幸福，那是多嚴重的罪行啊！請想想，在你身邊總會有太多這樣冥頑不靈的人吧！他的腦裏有一個很強的心態，強到好像把他整個人都牽制住了，操控着他的行為，使他不停的追求食慾，結果是百病纏身。他的心態好像是固化了，要他改變談何容易！

想法

行為

心態

結果

這種根深柢固的心態或想法，使我們好像是沒有思想的木偶似的，決定了我們如何看和看到什麼，導引作出不由自主的反應和行為，影響得出的結果，而結果又會增強了心態，循環不息，形成難以改變的習慣。

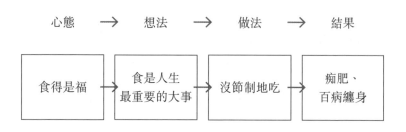

心態 → 想法 → 做法 → 結果

| 食得是福 | 食是人生最重要的大事 | 沒節制地吃 | 痴肥、百病纏身 |

另一個例子：當某學生的「心態」認為，他的智力、能力及性格是天生的，他的「想法」就是假如天生的「自己」是天才的話，我就是天才；如果天生的「自己」是蠢材的話，那就只會是蠢材，是無論如何努力都改變不了的；當面對困難及挫敗時，他的「做法」就是容易放棄，「結果」就是動彈不得無法成功。

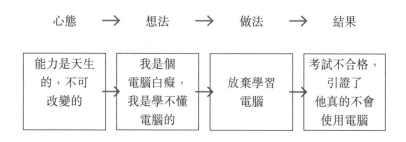

心態 → 想法 → 做法 → 結果

| 能力是天生的，不可改變的 | 我是個電腦白癡，我是學不懂電腦的 | 放棄學習電腦 | 考試不合格，引證了他真的不會使用電腦 |

很多人有着不少牢不可破的信念，他們總是認為：

- 老年人的學習機能已退化，我已經不再年輕了，不可能學得懂……。

- 我是一個數學白癡，不可能考上這大學……！

- 我沒有藝術天分，我學不到繪畫……。

- 我較別人笨，沒有辦法的，我就是辦不到……。

- 因為我不夠聰明，所以我徹底失敗了……。

- 英文太難了，我學不懂……。

當遭遇挫折和不如意的事時，心態會在你的背後作祟，控制你的想法，決定你的做法，導致你的成敗。更重要的是，當這個想法經過多次的循環驗證，就成為了習慣，要改變是一個很困難的過程。

擁有這樣心態信念的人，相信事情是不能改變的，所以在行為上探取放棄的態度，結果就是一事無成；但相反，亦有另一群人，他們視失敗為一次學習的經驗，相信自己能夠進步，而進步的方法是透過努力，或是用心思考策略去解決問題，一個人的聰明是看他能運用多少的努力及策略，令自己的能力得以提升。他們敢於接受挑戰，而且屢敗屢戰，跌倒了爬起來，拍拍身上的塵埃，再接再屬……為什麼持不同心態的人成就會截然不同？

固化心態與成長心態

暢銷書《心態致勝》（*Mindset*）的作者——史丹福大學心理學教授 Carol Dweck，經過 30 多年的研究，發現成功者與失敗者學生的最大分別，是取決於他們的心態。她認為心態基本上可以分為兩大類型 [4]：

1. 固化心態（Fixed mindset）

Fixed 的英文解釋是 Predetermined（已被決定）和 Not able to be changed（不能被改變，亦可譯作：定型、僵化、固定不變）。筆者認為把 Fixed 翻譯為「固化」是比較合適的，因為中文字「化」是可解作一個過程，例如「工業化」是指從農業社會轉變成為工業社會的過程，這不是一朝一夕的事。同理，人出生時候的心態並非完全 Fixed Mindset 的，是充滿彈性擁抱成長的，但他們要經歷不同的遭遇，潛移默化才成為 Fixed Mindset，這是「固化」的過程。

擁有這心態的人相信能力、智商及性格都是天生的，是已經被定了格，而且不會有太大變化。自己的聰明才智、控制周遭世界的能力、社交能力等，都是固定無法改變的。假如自己天生是個天才，能力自然很高，很卓越；但相反，如果天生是個庸才，甚至是愚笨，最多都只能有平庸成就，無論你如何的努力，都是無法改變這個庸碌的宿命。

4.　Dweck Carol, (2017) "Mindset - Changing the Way You Think to Fulfil Your Potential" (Updated Edition). Robinson House.

2. 成長心態（Growth mindset）

Growth 在《牛津英語詞典》的解釋是 The process of developing physically, mentally, or spiritually（生理、精神和靈性上都不斷地發展）。擁有成長心態的人相信自己的聰明、能力、天賦都只是起點，是會有改變和進步的空間。他們相信成功不一定是由上天注定的，能力和智慧是可以經後天培養，失敗與挫折只是人生路上的經歷而已，失敗並不代表自己愚蠢，就算是天才也得經歷一番努力才可成功。才能是可以經由鍛煉改變，挫折只是挑戰，只有盡一切努力才可望成功。

心態持續影響生活的各個範疇，具有固化心態的人畏懼失敗，因此無法面對困難挑戰，所以他們逃避，因而失去不少機會，從而局限了自己的發展；具有成長心態的人則剛相反，他們相信自己具備學習能力，可以從挫折中學習，不會在面對困難時退縮，對他們來說，失敗也許是另一種機會，相信最終是可以獲得成功的。

優勝劣敗，取決於心態

請閱讀以下兩句說話，看看有什麼不同？

「你一定是很有天分！」（You must be smart at this.）」

「你一定很用心地完成它吧！」（You must have worked really hard.）」

這是 Carol Dweck 和史丹福大學學者 Claudia Mueller 的研究題材。1998 年，他們訪問了 400 位小學生，給他們進行能力測試[4]，然後把他們分為兩組，一組稱讚他們有天分：「你一定是很有天分！」，簡稱天分組；另一組稱讚他們的努力：「你一定是很用心地完成它吧！」，簡稱努力組。

第一階段測試完畢之後，進行第二輪測試，兩組學生可以自由選擇不同難度的題目，當中有些問題是難度相當高的。結果發現，努力組的學童約 90% 選擇挑戰較高難度的試題，相對地，天分組的孩子卻大多選擇較簡單的試題。接下來是更高難度的題目，天分組的學童大多放棄了，但是努力組卻仍然保持很強的動機去作答。最後，是給他們最後一次挑戰，努力組表現有超過 30% 的進步，而天分組卻有 20% 的退步。

心態是你用來觀看這個世界的鏡頭，你是通過它來感知世界，你用的鏡頭不同，你所觀察事物的角度、體驗和視野都有所不同，對事物的觀念和想法當然是有所分別的，結果也當然不同。

兩班學生的智力水平和背景都是差不多的，為何有如此明顯的差別？Coral Dweck 解釋，分別在於聰明與否大都是天生的，對天分組來說，成功的關鍵是聰明，這是他們無法控制的，天分組一旦接受了自己是聰明這形象，但卻又不可控制，如果下一次應付不到更難的挑戰，豈不是證明自己原來不夠聰明了嗎？於是放棄是一個很保險的選項。相反，努力是自己可以控制的，成功的關鍵是學習，而努力學習的界限是無限制的，是可以經後天栽培和發展的，努力組的同學相對而言，是可以有更大的發揮[5]。

兩組的同學分別用不同的心態來看自己，結果截然不同了。

Carol Dweck 總結天分組的同學是傾向固化心態的，他們認為自己是靠天分才能取得好成績，但這是他們無法改變的；而努力組則傾向是成長心態。這兩種心態信念的差別，會對個人的自我發展，以及面對困難及挫折時的應對方法，都有着非常大的分別和影響。當大家的資源相近時，優勝劣敗是取決於心態，心態是致勝的關鍵[6]。

普通人沒有進行過專業的心理學訓練，又不懂得什麼是腦神經科學，如何得知我自己或者身邊的朋友是什麼心態？這是一個非常有趣和實用的問題，所謂「語言是思想的載體」，一個人是怎樣說話，或多或少都反映了他心底裏是如何思考的，特別是當遇到

5. Dweck Carol, (2012). *Mindset, Changing the Way You Think to Fulfil Your Potential*. Updated edition, Robinson., pp. 16-17.
6. 蔡國光 (2018)「成功的鑰匙：成長心態與學習策略」，灼見名家。https://www.master-insight.com/

困難、挫敗或者是緊急事故時，可以留意他們習慣了的語句反應
是以下的哪一項：

傾向固化心態	傾向成長心態
我就是不懂。	我可以學習。
我放棄了。	我得試試我學過的（別的）方法。
我的能力達不到，只有放棄了。	這方法不行，換其他方法就好了。
我犯了錯誤。	犯錯能讓我知哪裏需要改進。
這已經達到我的極限了。	也許再努力一些，我就能再進步多一點。
沒辦法了，我就是不如她。	她比我強，我可以學習她的方法。
我的能力只能做這麼多，這件事這樣就足夠完美了。	我還要看看這件事有什麼可以改善的，只要不斷嘗試和努力，肯定還能再有所改進！
我不擅長這個……	我正在練習這個……
我做不了這些。	我現在做得不好，但是我會愈來愈擅長的。
我試過了，但是不行。	我這一次不行，下一次會做得更好。

左面的語句是傾向「固化心態」，而右面的是傾向「成長心態」。

擁有成長心態的人相信總是會有改變和進步的空間，暫時的失敗並不等等永遠失敗，相信任何事情都是可以改變的，挫折是挑戰，失敗是鍛鍊。

兩種心態，兩個世界

Carol Dweck 說：「基因影響我們的聰明才智與天賦，但影響一個人成功與否的特質，卻並非在出生時就已經定型了。心態，才是影響個人學習、成長、人際關係、終身成就、人生道路的重要關鍵因素。」

心態不同，命運也可能因此而改寫。以下是持兩種不同心態的人，在面對不同情境時的不同反應和世界觀：

1. 關於「面對挑戰」

固化心態：

固化心態的人認為失敗是因為自己沒有能力，不夠聰明，或者其他不可改變的原因所致。他們會不斷靠達致成功來評價自己，證明自己的存在。

和面對失敗一樣，挑戰也是非常危險的，它意味着有機會失敗，這是很難接受的，這種失敗剛好提醒了你：「**你看，你是多麼的笨透！**」Carol Dweck 曾經做過一個研究，她讓一群四歲的小童做簡單的拼圖，當成功之後再給他們較難的練習。擁有固化思維的孩子選擇較簡單的拼圖遊戲。這些孩子認為聰明的人是不會犯錯誤，為了避免冒着讓自己顯得愚昧丟臉的風險，最佳的方法

通常是逃避挑戰，守在自己的舒適區，依舊做自己足以勝任的事，選擇做較容易做的事，躲在這領域裏是最安全不過的，他們會很容易放棄，因為放棄似乎風險較低，是個較安全的選擇。

成長心態：

持成長心態的人傾向於喜歡挑戰，因為挑戰是必然發生的，是避無可避的，他們相信挑戰是學習的機會，即使失敗也沒有什麼大不了，接受挑戰必須要冒風險，如果風險是合理的話，也不妨一試。他們知道，學習的機會是充滿挑戰的，挑戰可能讓他們學習更多，所以他們願意冒險，接受挑戰。

2. 關於「努力」

固化心態：

在心理學上有一種名為「小鴨子症候群」（Duck syndrome）的症狀[7]，最早出現於美國史丹福大學，大學生要建立一個形象，使別人認為他們是天生優秀的人，不用費很多力就可以成功，像小鴨游泳一樣，在水面上看只見到鴨子氣定神閒優雅的泳姿，而不讓別人看到在水底下拚命划水的實況，因為一旦被別人看見要划水才能前進，這表示自己是不夠聰明和優秀。

在美國，「小鴨子症候群」在頂級大學中非常普遍，學生多數是表面上看來沉着自信，但實際上卻是為了追上成績而拚命努力。

7. Beaton Caroline, (2017) "Millennial Duck Syndrome, the Faked-Success Cycle That Hurts Everyone". Psychology Today. https://www.psychologytoday.com/us/blog/the-gen-y-guide/201705/millennial-duck-syndrome

他們只能讓別人看到自己的優點，掩飾背後的辛酸，他們害怕失敗，不敢接受挑戰，在別人面前不會表現出自己努力吃苦的一面。它之所以成為精神科疾病的症狀，是因為他們往往感到極大壓力，但卻又不尋求協助，不能在別人面前流露自己的軟弱，因此而長期處於焦慮恐懼的狀態，以致身心都是動彈不得，憂鬱寡歡。他們只是表面上成功，其內心卻是痛苦不安[9]。

在固化心態者的心裏，成功是因為他們有天賦，成功不應只靠着努力，他們已經是天之驕子，所以必須要保持這天生高貴的形象，不容別人看見自己努力捱苦，這是典型的固化心態。固化心態的人覺得努力是辛苦和不愉快的，也不一定會有收穫，如果要經過艱苦努力、滿身汗水才能成功，這只是證明那個人是天生沒有足夠的知識、技能或智慧，為了要證明自己是天生有能力的，他們會盡量減少努力，或者不要讓別人看見他們的努力。

成長心態：

持成長心態的人相信，要把潛力轉化為能力，唯一的方法就是依靠努力，通過努力學習來培養這些能力，這是成功的必需條件。因為潛能這東西是非常不固定的，唯一可以做的是依據後天的努力，才能把它彰顯出來，發展潛能的唯一方法就是努力學習，只有努力學習才可以掌握生活的技能和擴展智慧，努力是達致成功的必經之路。

3. 關於「他人的成功」

固化心態：

固化心態的人視其他人的成功是對自己的威脅，或者是顯得自己不夠聰明，天生的條件沒有他人那麼好。這些人會自我解脫，那人的成功是因為他們運氣好，世上很多事情都是和運氣有關的。他們甚至會把別人的成功看成討厭的事，甚至，會從心而發的妒忌或者貶低對方。

這種自我防衛的機制，使他們不會去理性分析別人成功的真正原因，因而局限了自己的視野與及改進自己的機會。

成長心態：

持成長心態的人認為世界並不是「零和遊戲」，別人的成功不代表自己的失敗，別人的成功是不會讓自己有所損失的，相反，人家的成功也可以是學習的機會，對方可以做得到的事，必定有他們獨特的方法和技巧，我亦可以學習他們的方法，模仿他們成功的模式，從其他人身上獲得啟發和刺激，從而找到適合自己的成功方程式，最終我也可以同樣嘗到成功的果實。成長心態的人能夠欣賞他人的成功，分享對方努力的成果，成為自己向前的推動力。

4. 關於「遇到阻礙」

固化心態：

當遇到障礙或困難時，他們往往會在策略用盡之前就放棄，這樣的阻礙激起了他們的心理防衛機制，把失敗歸咎於種種外在的因素，總之錯不在我。他們害怕失敗，不肯面對障礙，因為這反映了他們的愚蠢和無能，並威脅他們的自我價值，地位和自尊心。他們的人生可能一直都是順風順水，但是當遇到挫折障礙後，便認定自己已經「江郎才盡」，決定停止發展，因而放棄了他們本來能達成很大成就的事情，轉而投向做一些較容易的，令他們自我感覺良好的事情。

為了應對障礙和失敗，他們會高估甚至誇張失敗會帶來的災難性後果，失敗因此變得份外可怕。他們因而對自己的能力和智慧失去信心，從而為退出和放棄提出了更加振振有詞的理據。

成長心態：

即使在面對許多障礙或困難時，他們往往不容易放棄，繼續堅持下去。當遇到困難障礙時，他們會獲得啟發，認為也許是所用的策略方法出了問題。可以嘗試用其他方法，畢竟，成功的路是有很多的，此路不通，可以改道而行。

他們將障礙視為成功路上的一種挑戰，他們願意挖掘新的道路，嘗試新的事物，努力工作，不斷嘗試堅持下去。他們在面對失敗時會加倍努力，認為這只是學習的機會而已。因此，他們不會害怕障礙，期待下次遇上障礙時可以做得更好。

5. 關於「心理健康」

固化心態：

失敗會使他們意志嚴重消沉，造成心理傷害。固化心態的人會花很多時間去保護自己脆弱的自尊心，不能讓它爆破。他們視成功與失敗都是對自尊心的挑戰，為成功而雀躍，為失敗而情緒低落，昨天的自己站在世界的頂峯，今天的自己跌到世界的最低點，很容易激發起內心的恐懼、焦慮和不安，這對心理健康有着重大的負面影響[8]。

舉上述史丹福大學「小鴨子症候群」的例子，能擠身頂尖大學的學生，都是來自全世界的尖子，他們於中學時都是非常優秀的學生，自尊心很高，認為自己非常聰明，是小池中的大魚。上到大學後，當他們發現全世界的尖子都在你的課室裡念書，他們變成了大池裏的小魚，這樣的自尊心落差，是非一般的學生所能夠承受的，壓力特別大，很容易掉下低谷。這種自尊心和情緒波動，自尊心一升一跌，所造成的落差是難以承受的，史丹福「鴨子症

---

8. Burkeman Oliver (2011) *Help! How to Become Slightly Happier and Get a Bit More Done*. Vintage. pp 14-15.

候群」的出現並非偶然。這種自尊心是沒有實質成就支持的，是一種虛假的自尊心，一旦遇到挫折，就可能會出現激烈的情緒反應，甚至自殺[9]！曾經有學校社工對筆者說，一些組別高的學校的學生，其自殺的風險較成績較差的學校的學生更高，這可能是虛假自尊心作祟的關係。

成長心態：

他們認為能力是可以發展和提升的，在生活上，當他們遇到挫折時雖然會失望，但不容易氣餒，對他們來說，這些失望和失意其實是一種啟示，提醒他們需要思考，反思發現原來他們以往的方法不是最好的，然後再次行動。

當使用以往的方法無法解決這難題時，就需要思考一些新的方法。他會覺得，只要他嘗試找出其他更新更好的方法，那麼這些難題就自然能迎刃而解。而當用對的方法解決這些難題時，就會變得有自信，而這種自信不是「泡沫」，而是建基於他的自身經驗：「再困難我都能克服和處理」。

久而久之，這種生活及學習的態度就能令他們遇挫不折，挫折是不要緊的，挫折只是告訴他：「我不是做不到，只是暫時未做到而已，我需要思考一下，有什麼更好的方法能夠處理困難，我能有什麼方法去提升自己，超越自己。」

---

9. 趙志裕, (2002) "受挫有輕生危機 - 專家呼籲勿催谷，初中男生易生「泡沫自尊」" 蘋果日報。

除此之外，他們對生活的意義感也會更大。所謂的生活意義感，其實是看一個人到底是一潭死水，還是每天都會覺得自己能學習到新的事物，每一天都比昨天的自己變得更好[10]。所以，一個成長型思維其實對很多方面，包括心理健康、情緒健康、生命意義感或是學習動力都能給予正面的幫助。

6. 關於「感情關係」

固化心態：

持固化心態的人相信宿命，對感情的事有無限憧憬，相信姻緣天注定，是不會改變的。他們的愛侶定必是天造地設的，一旦相愛就必須要有美滿幸福的結局。在交往的過程中，他們會避免爭吵，因為爭吵意味着大家愛得不夠深，兩個人的親密相處，如果不是緣份，就必定是孽債。在此情況下，當這段關係出現問題時，他們會認為這是不可改變的、糟糕的事，關係破裂了是無法修補的，如果愛人曾經傷害過你，這是無法修補的，於是，雙方都會陷入痛苦的深淵之中。

當二人沉溺在甜蜜的關係時，會認為對方是世上最好，無論什麼都是好的；但倘若關係破裂甚至分手，就認為對方什麼都很差，將對方貶到一文不值。對固化心態的人而言，人類關係要不就是良緣，要不就是敵人，反差是很大的。

10. Tobias John, (2018). "The Other Side of Fear: Fostering a Growth Mindset in a Wilderness Setting." Evoke. https://evoketherapy.com/family-resources/blog/john-tobias/the-other-side-of-fear-fostering-a-growth-mindset-in-a-wilderness-setting/

成長心態：

他們相信每一段關係都需要發展，他們早已預料到兩個人的生活，代表了來自兩個不同背景的人走在一起，出現問題是理所當然的事，所以當遇到問題時，他們會直接面對，盡力去解決，他們不會認為關係一旦建立之後，便理所當然地認為所有事情都會自然好起來，關係是需要小心經營，努力培養栽種和不斷的學習，才可以開花結果。

幸福是共同付出努力的回報，是不斷克服困難，擊敗挑戰的成果。每一段感情關係，無論是成功或失敗，都是一種學習，一場修煉。擁有成長心態的人會以成熟的心態和方法去跟對方相處，出現危機時亦能應對得比較好[11]。

7. 關於「命運」

固化心態：

固化心態的人在遇到挫折及困難時，會容易出現揮之不去的感傷，不由自主的勾起以往負面的回憶和情緒，這又再引證了他自己根本就沒有能力，或是沒有好的天生特質，而且這是不能改變的，覺得自己是「注定如此」，不可能改變，天生如此，只能認命。

11. Dweck Carol, (2012). *Mindset, Changing the Way You Think to Fulfil Your Potential*. Updated edition, Robinson., pp. 151-163.

成長心態：

當面對挑戰、困難和挫敗時，即使難題沒法改變，但卻可以改變自己對這事件的看法，使信念與真實世界更加吻合。例如把「絕對」、「必然」的事，改變成為「可以」或者「可能」，把「總是考試不合格」改為「這次考試不合格」，以較具彈性的心態去面對人生種種的挫折與困擾，愈是有彈性的事，就愈容易找到解決的方法，對未來亦會相對地更有希望，這也更加符合真實的世界。

四種固化心態的生命劇本

總括而言，固化心態者有着以下四種生命劇本，導致他們的人生處處受限，動彈不得：

- 不是我的責任，是其他人不好，是他們不對，但都不是我的責任。
- 沒有辦法解決了，改變是不可能的。
- 否定自我的感覺、想法、行為是錯誤的，他們不會接受我的。
- 無法控制，我是受控於人，我已經盡了力，我無能為力。

「我不把世界分為弱者和強者，或成功和失敗，我將世界分為學習者和非學習者。」

Benjamin Barber

西班牙最偉大的大提琴家 Pablo Casals 在 91 歲時，有學生問他他為何仍堅持每天練琴，他回答說：「因為我還會有進步。」

第 2 章

「固化心態」——
為什麼你仍然停滯不前?

分野 Differentiation

顯明差異，練達成長心態

美國電視片集 *Game of Thrones* 中有以下一段對白："Chaos isn't a pit. Chaos is a ladder. Many who try to climb it fail and never get to try again. The fall breaks them. And some are given a chance to climb, but they refuse. They cling to the realm, or the gods, or love. Illusions. Only the ladder is real. The climb is all there is."

筆者直譯如下：「混亂並非坑洞，混亂是一條梯子，很多人嘗試攀爬，但卻失敗了，從此就不再嘗試。跌倒摧毀了他們，有些人再次給予攀爬的機會，但他們拒絕了，他們墨守着固有的領域，或神，或愛，這全都是幻象。只有那條梯子才是真實，攀爬就是所有。」

對於固化心態的人來說，當面對混亂情況時，會覺得動彈不得，無能為力，他們很快就會放棄；但對成長心態的人來說，雖然他們不懂得這些，但我會細心觀察，鍥而不捨、絕不放棄抽絲剝繭的學習機會，不為眼前的迷亂所困窘，找出解決問題的方法。

兒童是天生的學習者

相信「兒童是天生的學習者」這種說法是沒人會反對，兒童堅持不懈的學習能力，是上天賜予嬰兒的第一份禮物，他們不但有一個不可思議的腦袋，更擁有一顆堅毅不屈的成長心態。

孩童能夠在非常短的時間內學會兩種絕頂困難的絕活：走路和學習母語。不是嗎？學習走路是相當困難的事情，他們似乎不害怕跌倒，不懼怕痛楚，不會放棄，跌倒後重新爬起來走就可以了；學習語言更加是一件匪夷所思的難事，但他們只是用眼睛觀察，耳朵細聽，牙牙學語，就可以掌握到母語的運用。學習是兒童的天性，他們擁有不怕困難、不怕失敗的特質，天生就擁有一副成長心態。

但是，兒童的成長心態會隨着年齡增長而逐漸減退，慢慢固化，此消彼長之下，他們的固化心態取代了成長心態。

在 2013 年，美國有一項關於學童學習心態的研究，在幼稚園的發展階段，兒童幾乎是 100％屬於成長心態的[12]，但當他們到一年級的時候，成長和固化心態的比例是 90％和 10％、二年級是 82％和 18％，三年級的時候更加跌至差不多一半，你

---

12. Lee and Ricci, (2016) *Mindsets for Parents, Strategies to Encourages Growth Mindsets in Kids*. Prufrock Press Inc. Waco. Texas. P11.

能想像到了小學四、五年級時，固化心態的比例必定變得更加大，成長心態就被打沉了，到中學時就更甚。

年級	固化心態	成長心態
K	n/a	100%
1	10%	90%
2	18%	82%
3	42%	58%

幼稚園學生絕大部分都是擁有成長心態的，固化心態的學生只是絕少數，但當他們漸漸成長後，他們的成長心態會被侵蝕，而固化心態則成為了主要的心態，他們會相信自己的才能、智力、天分已是固定的，不可以改變的，於是會設法保護自己的自尊和心靈，他們會害怕挑戰，懼怕失敗，不敢冒險，不願意學習新的事物，他們會在困難面前低頭，心理狀態變得愈來愈脆弱，這種心態上的變化，與現今大學生患抑鬱和自殺率愈來愈高，到底有沒有關係？

這現象令筆者不禁要問：

- 人的成長不是應該愈來愈優秀，愈來愈適應環境，學習能力愈來愈強的嗎？否則何以能夠在這弱肉強食的殘酷世界立足？

- 為何兒童在成長的過程中是反其道而行，隨着年齡的增長而「退化」，心態會變得日漸固化？

- 那是否違反了物競天擇、適者生存的自然定律？

- 心態固化對物種生存應該是沒有什麼好處的，但到底是什麼原因，導致這種「倒退」的心理現象出現？

什麼原因導致固化心態？

人類的成長心態，是數十萬年以來為了應付野外求生的種種難關而演化出來的。我們的祖先沒有尖牙利爪，不懂飛天遁地的本領，人類之所以能夠戰勝洪水猛獸，避過天然災禍，能夠存活下來並且發展出高度的文明，全是因為我們不斷動動腦袋，遇到失敗不會退縮，不斷思索解決問題，透過互相合作及創新來克服種種難關，從逆境中學習，如果不是因為我們擁有成長心態，我們不但不會有進步的可能，甚至早就被淘汰了。

成長心態是人類的演化優勢，但為何固化心態亦同時被保留？而且擁有固化心態的人數，可能遠比成長心態的還要多，到底是什麼原因所致？以下是筆者推斷的原因：

分野 Differentiation

顯明差異，練達成長心態

　　成長心態就像人體的肌肉一樣，愈是用它來學習、專注於積極的思考，就愈強大。

1. 演化而成的自我保護模式

從演化的角度看，凡是有利物種存活下去的因素都會保留下來，不利的就會被淘汰，這是物競天擇，適者生存的法則，既然天擇賦予了兒童成長心態，讓他們可以透過不斷學習，有利於演化，但卻為何同時讓固化心態滋長，削弱人類的學習能力？既然固化心態是自開天闢地時已經存在，那麼，它一定有其在演化上的功能和價值。

在英語裏，會用 play possum 來形容「裝傻扮死」的人，當動物受到攻擊威脅時，會選擇反抗或者逃跑，但當對手太強無法抵抗，脫身無望又無計可施時，不少動物都會有 play possum 的本領，possum 是一種美國負鼠的名稱，牠們可以說是動物界的荷李活巨星，牠們會作出裝死的樣子，僵硬死寂的躺在地上，裝得維肖維妙，還分泌出惡臭的液體，令捕食者相信牠真的已經死亡了，而且覺得噁心並離去，當行騙過後，負鼠便稍稍復活，逃之夭夭。

在自然界中，不少昆蟲、鳥、魚、松鼠、鹿、羊、貓、狗、臭鼬鼠、蛇等都有扮死的本領，這是在向對手釋放一個重要訊息：「我已經死了，是不適合拿來吃的。」因為腐屍是有毒的，所以不吃為妙。小動物便對應地演化出裝死的本領，這是在大自然重要的生存策略。

人與其他動物一樣，當面對巨大威脅，對方形勢太強而自己處於下風，或者是在挫敗時，要避免多生事端，息事寧人，保存實力，會潛意識的展現出「裝死」的自我保護行為，例如匍匐在地上，把身體縮成一團，把體型變小，顯示自己是何等的萎靡弱小，卑躬屈膝，展示你已經無力反抗，仿佛是在告訴你的對手：「你看，我認輸了，我已經到了這個地步，不值得你費力再攻擊，放過我吧！[13]」。

很明顯，這種裝死的策略對物種生存是有效的，特別在面對重大挑戰和威脅時，它可暫時停下來，保留一下實力，當危機解除後就乘機逃命。雖然人類已經脫離了在蠻荒世界的生活狀況，但依舊保存了這種 play possum 的本領，當遇到危險逆境時，在心態上會潛意識地發出「停下來」、「不要輕舉妄動為妙」、「我做不來的，我棄權！」、「以不變應萬變！」等的指令，漸漸在心靈成了根深蒂固的一種思維心態，然後成為慣性的行為。

2. 心理分類的陷阱 (Entrapment by category)

我們每分每秒都在接收排山倒海的資訊，腦袋絕對不可能全部接收，不然腦袋很快便會「當機」報廢了，為了節省能源，腦袋會如何作出應對？

13. Morris Desmond. (2002) *People Watching*. Vintage., pp 191-196.

哈佛大學心理學教授 Ellen Langer 提出了心理分類 (Category) 的理論[14]，大腦會把輸入的資訊自動篩選和分門別類，把紛繁複雜的世界簡單化，使之容易明瞭和有序，能有效地知道和判斷下一步的行動。這機制原本是可以使人更好地生存，但是問題來了，當這些原則和分類一旦建立，絕大部分有用的資訊都會被篩掉，大多數人是傾向於不加思考地遵從自己的主見，並且成為了習慣，這是自動化的行為 (Automatic behavior)[15]，這是一種有效紓緩大腦能源的策略，但同時亦因此會作出種種誤判。

人是習慣性的動物，我們很容易習慣地以此心態作為觀看世界的有色眼鏡，形成慣例、偏見或者刻板印象，進而成為了自己的世界觀，我們很多行為往往都是先入為主、不假思索的，或者認為這就是想當然的結果，而沒有經過任何深入而嚴謹的思考，並做出自動運作的條件式反射行為。一旦他們把自己的能力、智力和性格分類為天生、不能改變的，那麼，每當感到受威脅、被挑戰和挫折時，固化心態這個小精靈就會作祟，靜悄悄地操縱着人的行為反應。

Ellen Langer 形容心理分類行為往往是一種陷阱 (Entrapment)，使得我們只會從單一視角 (Single perspective) 去思考，甚至是不會去思考 (Mindlessness)，以直線思考和條件反射的姿態模式來審視世界。我們會認為事物的邏輯及因果關係是直接的、可以看到

14. Langer Ellen, (2014) *Mindfulness, 25th Anniversary Edition*, A Merloyd Lawrence Book. Da Capo Press, pp12-14.
15. 同上 , pp 14-18.

和預計的、靠着條件反射的無須分析就能偵測得到結果，自動化地對周邊世界發生的事，作出過分簡化的總論和行為，而且深信不疑[16]。

3. 父母影響、耳濡目染

在兒童的成長歷程中，他們是透過身邊的人對自己說的話和自身的經驗，從而判斷自己的能力是可以改變提升，還是只會固定不變。

一個小朋友如果每天都受父母批評，斷言他有多聰明，將他跟其他小朋友比較，於是小朋友便會認為是否聰明是天生的，自己是無能為力，不可變更的。同樣地，假如老師在教學過程中，着重判斷學生的能力有多高，學習有多快，以此衡量學生的成就，那學生就會相對地認為能力是非常重要，但他們卻是難以改變的。這些後天的經驗，對心態的影響是不可忽視的。

換言之，家長和老師的一言一行，都有可能對兒童的心態構成深遠影響。兒童會不知不覺間學到「學習的無助」(Learned helplessness)，這是把難題解釋為不由自己控制，解困與厄運都是自己無法控制，也不可以改變的。例如，家長常常罵孩子：

你永遠都是這麼蠢！

---

16. 同上，PP67-68.

你這個人就是不小心，總是答錯題目！

教了你那麼多次，你都不會回答！

你根本就是沒有心學習！

你要我講解多少次才會明白？

沒有人像你這樣愚蠢的！

真是沒用！

你令我太失望了，我以後都不會再管你了！

爸爸媽媽都不接受你！

當家長、老師與及其他長輩用「永遠……」、「從不……」、「以後……」、「總是……」、「所有……」等兩極化的字眼，指責或教導孩子時，會令他們在面對需要能力去處理的厄運時，簡單直接地聯想到他們犯過的錯失和挫敗等，他們相信結果是不可以控制，也是難以改變的。孩子很容易會把問題和厄運都歸咎於自己的個性、特質、天資所導致的，這全都是自己無法控制的，是自己沒有才能、無用、不夠好、外貌不夠吸引，因此結論是：「我是一個笨蛋」、「我很壞」、「我很差勁」、「我改不了」、「都是放棄算了」等。

4. 失衡的教育制度

華人社會重視下一代的教育，但往往是以考試成績來斷定孩子的成就，每一個人的前途彷彿都是由考試成績來決定。在過分強調分數的制度下，每一班是只有一個考第一名，其他的都自覺是失敗者，而今次的成功又無法保證下一次也會成功，在這優勝劣敗的壓力下，學校是培育失敗者而非學習者的園地[17]。

在香港，學生需要不停接受學校測試和評核，家長有不能讓孩子輸在起跑線的心態，刻意讓小朋友準備及應試。而踏入高小和中學時期，這種應試的氣氛及文化更甚，尤其高中時學生需要考大學入學試，壓力往往令人喘不過氣來。我們的教育制度已經失衡，變成過分強調評估及測量學生的能力和成績表現。學生認為社會所關心的，只有他們的考試表現和他們有多聰明，學生的學習心態變成要滿足評估他們的人的需要，而不是他們的個人成長和需要[18]。

於是，學生把自己是否「聰明」直接與考試的表現掛鈎，但這是他們不能控制的，他們無論如何努力，也抵不過一個比他更聰明的敵人，努力是得不到認同的，於是就容易變成了固化的思維。當低年級時，學生或許尚會覺得只要努力，困難的事情都有可能做得到，但隨着課程愈艱深，考試的壓力愈沉重，他們的成長心態漸漸被磨平，會慢慢認為自己的能力是無法改變的：

17. Robinson Ken, (2018) *You Your Child and School - Navigate Your Way to the Best Education*, Allen Lane, Penguin Books, pp. 12-13.
18. 趙志裕, (2017)「幸福教育系列講座 - 怎樣成為十項全能才子？」，http://www.ednovationfest.hk/

「我是不行就是不行，是改變不到的，我真的沒有辦法。」

「我要是聰明的話，就不會天天苦讀都學不懂！」

不少小學生會覺得課程雖然難，但始終都能跨越的，對未來仍然充滿希望，但升上中學或者更高年級時，擁有成長思維的學生比例開始變少。小朋友會用最簡單的讀書表現去判斷自己，看自己考得好還是不好，又或是看師長對自己的評價及與外界的各種比較，例如「你看其他同學多聰明⋯⋯！」，他們會透過這些外來的訊息，判斷自己能力的高低。所以往往於初小時，不少學生還能維持成長型思維，但去到中學，成長型思維學生會大幅下滑，進一步不敢相信他們有能力改變。

5. 考試制度，製造固化心態的失敗者

在傳統的教育和考試制度之下，全班只有一個第一名，在勝者全勝 (The winner takes it all) 的觀念下，其他幾十位同學都會自覺是失敗者。

而考試題目又往往是有標準答案甚至是只有一個答案，學生從小學到大學的生涯中，經歷了上千次的考試磨練，在不知不覺間，都被訓練成為了直線的和二元邏輯的思考專家。不少人都曾指出香港學生有很多是「高分低能」。

分野 Differentiation
顯明差異，練達成長心態

你知道什麼是考試高手嗎？考試高手和會思考可以是兩碼子的事，會思考的學生不代表能應付考試，在應考的時候，思考愈多，反而愈可能不及格，因為考試是要答得「對」，要符合標準答案的要求。正因為這原因，各補習學校的目的，是訓練出考試取得高分的高手，怎樣才能取得高分？考生首先要「停止思維」，他們受過長期訓練，不斷的做練習題，把標準答案背誦得滾瓜爛熟，然後「準確地」填在答案紙上。應試作答基本上是一種條件反射動作，一看就知道答案是 A 還是 B。在考試時，是再沒有時間去思考的，如果每條題目都思考一番，就肯定不夠時間，最後落得名落孫山。所以，試場上的成功者往往只是擅長於快速作答，如何才能做得到？秘訣在於不要思考，直接寫出答案。

我們的教育制度都是在培育考試高手，而非思考高手，在這種氛圍之下成長的學生，可能已經習慣了停止思考，或者覺得思考根本不能幫助他們取得好成績，考不到好成績就等於失敗者，在成績代表一切的社會環境下，「除了考到好成績外，什麼都是次要的，什麼都不能改變，我做什麼都沒有用的！」這是典型的固化心態，是填鴨教育制度培育出來的產物。

6. 中國文化中的固化語言

不幸的是，在中國文化當中是有不少的固化心態用語，這些用語會潛移默化的影響着我們，例如：

- **將勤補拙**：「勤力」和「笨拙」是對立的，聰明的人是不須要那麼勤力的，但因為我是不夠聰明，所以才需要努力，用努力來彌補智力的不足。
- **江山易改，本性難移**：人的性格特質是無法改變的。
- **能者多勞**：有能力的人一定是很辛勞的，是沒有樂趣可言的，如果不想那麼辛苦，不如就否定自己的能力，或者索性放棄鍛煉自己的能力，不要把自己弄得如此痛苦！
- **一失足成千古恨**：千萬不可以失敗，失敗是很可怕的，是無法補救的。
- **樂天知命**：把一切都交給上天決定，任由命運的安排，人的能力是非常渺小的。
- **謀事在人，成事在天**：雖然憑藉個人努力，是可以成就一些事業，但要真正成功，倒是由上天或者命運安排。
- **萬般皆是命，半點不由人**：世上所有東西都是由命運安排，命中注定，所謂：「命裏有時終須有，命裏無時莫強求」，人是無能為力的。

以上提到的其實都是鼓勵別人的說話，但實際上卻是在潛移默化地強化了固化心態。說這些話的人覺得他們不過是用心良苦，想叫人盡力，不要感到太失意，而且更不需要太自責，但卻不知道其實這些說話的背後，會讓人覺得自己在不斷被評價為「自己不夠聰明」、「即使勤力也是沒有用的」，而且「無論你如何努力，命運都是無法改變的」，很不幸地，有很多的老師和家長，都會不經意地傳遞了一些訊息，讓人相信能力和性格是無法改變的。

河流江川是如何形成的？

河流江川是如何形成的？這地理上的問題其實已經超出了筆者的知識範疇，我們嘗試用幻想的方式來回答。

幻想一下，在天地初開的時候，大地是光滑一片的，土壤向下傾斜，下雨了，雨水自由地從山頂向下流，在光滑的山間表面開始擦出數條分叉向下擴散的河道；再下雨了，新的雨水繼續往下流動，侵蝕土壤，在主要的水道中多開了幾條支路，有的水道會較粗大，有的較幼小，雨繼續下，這時雨水已集中在較大的水道往下流，大的河道收集更多雨水，小的河流開始改道，歸入大河中，漸漸的，大河道變成了唯一的主流，以後每次有雨水流下來時都只會流到這裏。

這是河流的形成過程，人的思維心態形成過程其實也差不多，兒童的小腦袋像一塊完整光滑的土壤，充滿了不同的可能性，可塑性高得驚人，但經過不斷的侵蝕，不斷的折磨，變成了百川再歸納為一。當形成了大的主要思路後，其他分叉的思路會自動消失，變成日後的習慣、模式和心態，這就是心態固化的過程。一旦固化心態形成了，成為了深溝河川，無論在生活上遇上任何情況，都會很自然地墮進這固化的深溝中，隨波逐流，要改變實在談何容易？

在群居的社會中，每個人都要有一套受規範的心態模式，這是正常不過的，有些人的心態模式彈性很強容量很高；但亦有些人的容量很少，沒有彈性，他們往往被自設的模式縛緊，認為這一切都是命中注定的，要在一個可預知的小框框內才會感到安全，生活哲學就是做熟悉的事情，因為主流已形成，其他一切都是難以改變的。上述所指的是孕育固化心態的因素，從另一角度看，也可以用作解釋成長心態形成的原因。

唐代詩人劉禹錫的《浪淘沙》有云：「流水淘沙不暫停，前波未滅後波生」，意思是世界本來是不斷變化的，流水是不會停下來的，是一波一波的更迭，流水不斷的往前推，變成了習慣，當習慣一旦形成，就如大江東去一樣，要回頭絕對不是容易的事。固化和成長兩種心態導致不同的結果，當中隱含着一定的規律。詩人告誡我們，必須要下功夫去觀察，才可以了解世界的運作模式。

「人應該要選擇一條難如登天的路走。」

維根斯坦（英國哲學家）

第 3 章

分野的藝術 1

The Art of Differentiation I

相似但不同

超越心中的紅線

什麼是分野

「普通科醫生，跟專科醫生的分別是什麼？」當然，兩種醫生的診金是有很大分別的，但更重要的分別就是專科醫生擁有更多專門的知識，令其更能對病情作出更精確的分野，舉例來說，普通科醫生能察辨基本的幾種不同的傷風咳嗽，但若然病人患上的是非常罕見的疾病種類，普通科醫生便可能無法診斷出來，結果需要求助於專科醫生，因為專科醫生具有更專門的知識，可以對傷風咳嗽的症狀，作出更仔細精密的分野。能作出分野，便能夠更精確的斷症，才可以找出病源，對症下藥，如果無法分野，斷症錯誤，結果有如藥石亂投，對醫治病情、解決難題毫無幫助！

如果一件事只有純黑和白兩面，就根本無需要什麼分野的需要，但世事當然不會如此黑白分明的，越接近的灰階，要分別是不容易的事，故才會出現語意不清的什麼「灰色地帶」的詞語來！如果不能分野出到底發生了什麼事，硬說這是灰色地帶，自以為聰明，實則只是混淆不清。

分野 (differentiation) 在英語詞典中的解釋是：察顯或發現不同事件之間的差異的過程 (the process of showing or finding a difference between one thing and another)。

分野是一種非常有用的解決難題的技巧，簡單地說，是把腦內雜亂無章的檔案分開、甄別和辨識，道理看似複雜，但使用時卻是非常簡單，在開啟內在檔案前，問清楚自己：「這是什麼？那又如何？」

缺乏分野能力的人常常無法客觀思考，容易被混亂所牽絆。人生的成與敗，關鍵可能是在於你的分野能力有多強。筆者多年前創立了以分野來教授 (Coaching by Differentiations) 的技術，這是一種快速啟發他人的教授技術，目的是讓人理清概念，不要被混淆不清的、先入為主的觀念所困惑，從混亂當中釋放自己，讓自己看得更清楚，保持客觀理性。

思考分類 (Categorization)

以下這個故事你可能已經聽過無數次，多年來流傳甚廣，還有多個版本，在筆者的另一本著作《人本穿越——心理免疫力》的序言中也曾引用過，但不少朋友仍然仍未完全領悟當中教訓，筆者不厭其詳的再引述多一次。

有一位虔誠的教徒（不要管是什麼宗教，總之不是你信的那一個），遇上傾盆大雨，雨勢越來越大，水淹越來越高，他往屋頂逃生，並不斷向他的神禱告，求神前來救他。一個救生員划着小艇過來，跟他說：「快上來」，他卻搖搖頭說：「沒關係，神會來救我的」。

過了一會，水繼續往上漲，這時，又有一位消防員乘着快艇過來，說：「快上來，再不上來你會被淹死的」，他還是搖搖頭說：「沒關係，神會來救我的」。大雨仍然沒有停止，水一直往上升，這時，一架直升機緩緩向他靠近，拯救隊員丟給他繩梯，要他握緊逃生，他仍然搖搖頭說：「沒關係，神會來救我的」。水不斷洶湧着，最終他被淹死了。

他死後上了天堂，見到他的神，並埋怨地問：「神呀！你怎麼沒有來救我呀？」神說：「怎麼沒有？我第一次派了救生員去接你，你不接受；我又派了消防員去接你，你仍然不接受；最後，我更派了直升機去接你，你還是不接受，那就沒辦法了呀！」

這個故事在訴說什麼道理？不要做固執的人？還是做人要有所變通？兩者都是，但是為何這個人會這樣固執，這樣不知變通？……因為他覺得其他方法不是他的選擇，他是沒有選擇的。為

什麼呢？因為他無意識地把自以為是合適需要的選擇，好像放進了自己思維中的一個「檔案夾」之中，並在腦中分成不同類別(categories)，如果擺在他眼前的選擇，並被分類在他的「檔案夾」之內，當然不會被他注意到，更不用説會被他接納了，不管機會在他面前出現過多少次，結果也是無動於衷，最後出了問題，徒然被困在自己的思想囚牢之中！

哈佛大學心理學教授 Ellen Langer 早在 30 年前提出了思考分類學說 (Categorization)[19]，她指出，人是習慣的動物，在學習的過程中，我們是根據經驗制定出很多原則和分類，簡化了紛繁複雜的世界，使生活變得有序以便能更容易生存。所以容易被僵硬的世界觀、慣例、偏見或者刻板印象所擾亂，我們很多行為往往是先入為主、不假思索，或者是想當然的結果，沒有經過任何思考或者認知過程。這樣小問題來了，這些原則和分類一旦建立起來，就成為了自動化的行為 (automatic behavior)，大腦會不加思考的執行，但如果這些大腦檔案雜亂無章，或者編碼錯亂，毫無系統，就會思考混亂，決策錯誤，引來不必要的煩惱、焦慮、恐懼和不安。同樣，如果你的大腦內，分類像你的書桌一樣亂作一團，所有雜物都是毫不分類的堆疊在一起，你的思緒習慣同樣是雜亂無章，那當你遇到難題時，是同樣很難找到簡易有效的方法去處理。

19. Langer Ellen (2014) *Mindfulness, 25th Anniversary Edition*. A Merloyd Lawrence Book. Da Capo Press. pp51, 163-164.

身是菩提樹，煩惱自找尋

看看以下是一幅您可能曾經看過很多次的圖片。

你看到什麼？是年輕的美女？還是一個醜陋的老婦人？對！兩個看法都是有可能的，它同時是美女，也同時是醜陋的老婦人，視乎你從哪一個角度看。

心理學家利用這幅「年輕女子和老婆婆」的圖畫作進一步的研究，把它分為三張獨立的圖片，圖片 A 是年輕的美女，圖片 C 是老婆婆，圖片 B 是兩者的混合。進行實驗時，將參加者分為 3 組：

- 第 1 組只看 B 圖，他們都不會看到其他兩幅圖，結果有 65% 的測試者將它看成為年輕美女，35% 看成為老婆婆；
- 第 2 組先看 A 圖 15 秒，然後再看 B 圖，結果全組人都把 B 圖看成為年輕的美女；
- 第 3 組先看 C 圖 15 秒，然後再看 B 圖，結果有 96% 的測試者把它看成為老婆婆。

我們都是先入為主的，但眼見不為真，當我們已經鎖定了它是什麼，並作出結論後是不容易改變的，更加重要的是，這結論決定了日後對待它的行為和態度，畢竟，即使在當今着重平等的社會，人們對待一位年輕美女和老婆婆的態度是有所分別的。如果我們認錯了美女是老婆婆，或者把老婆婆誤以為美女，無論在心態、信念、行為和所得到的結果，都可能完全不同。

一幅圖畫都已經可以弄得如此錯亂，更何況是在現實世界裏的抽象難以觸摸的概念？這錯綜複雜令人混亂迷失的錯覺比比皆是，當錯覺和結論一旦形成，就主導你之後的心態和行為。除了圖畫錯亂之外，在日常生活中，最難察覺和處理的可能是言語、文字和概念的混亂，當我們認錯了或者混淆了，就會產生不同的難題，當難題處理不到，便容易演變成為固化思維和心態。

菩提本無樹，明鏡亦非台，很多時候問題的出現，往往是因為我們看錯、看漏、看多了、看大了、扭曲了、誤解了所致，但它會決定我們的心態，影響信念行為，總之，事情本身未必一定是難題，難題很多時候是自找的。

差不多先生的思考方法

人們喜歡把事物名命，目的是要將東西分門別類，辨別清楚不要弄錯，以為這樣就可以不會混淆，易於識別和管理，應付問題的方法亦一樣，把問題的種類分門別類，然後按種類來處理和解決。不過，如果分類錯了，把原本不是問題的事件列為問題，把潛藏着的嚴重問題，當作平常事看待，那就真的麻煩自找，問題叢生。很多時候，我們被難題所困擾，並不是因為難題本身，而是因為我們搞錯了，把原本不是難題的事情，作出了錯誤的命名，以致判斷錯誤。

從童年開始我們就被教導，把玩具分門別類的放進不同的籃子裏，弄得整整齊齊的，才會得成年人的讚賞，學會把東西分門別類，是兒童必須要學會的技能。但長大以後，當面對生活中的抽象概念，往往就變得盲目，甚至不知所措。如果世界只存在黑、白、真、假、對、錯……等簡單的概念，那麼根本無需什麼分野的能力，但現實世界並非如此，黑白、對錯之間，往往是存在着

很大的混沌地帶，我們絕大部分時間都是在這地帶中浮游，懂得分野，是令生命變得更容易的不二法門。

要具備精確的分野能力，首要是戒除以下兩個習慣：

1. **「差不多」先生的習慣：**正如胡適所言，「差不多先生」乃中國人的一大陋習，凡事敷衍苟且，美其名為「不計較」、「看得開」，其實只是缺乏理性思考和科學精神。

2. **「這即是什麼」習慣：**當遇到新事物時，隨即把它套進已知的、或者接近的事物上，然後把它命名為「這即是什麼……什麼……」，這習慣的好處是好像立即已能理解明白，但壞處卻是知而不識，混淆不清，知道某事的存在，卻不識其實相。

以下三個詞彙有什麼分別：容易、受控、有效？這三個詞彙都是與工作態度相關的，可以理解為「當一件事是很容易完成的，自然就會有受控的感覺，這會達成很有效的結果吧！」但是既然已經定性了這是一件容易的事，那麼就在未經深思熟慮的情況下勇往直前，放膽向前衝吧！然而，結果往往都是觸礁失敗的多。這是因為我們經常把「容易」、「受控」與「有效」放在同一文件夾內，以致認為三件事是同一類的，但很明顯，三者雖然有明顯的雷同，卻易混淆，以致誤導了自己，從而作出錯誤的判斷和決定。

「受控」、「有效」兩者都是與結果輸出有關，混為一談也非意外，但「容易」卻跟輸出毫無關係的，它是指最低的輸入，那為何我們會把「容易」跟後兩者混同了呢？因為當人覺得假如事情不受控時，便是困難的事，也因為當我們得不到想要的結果時，也覺困難；其實這兩者也不是困難 (Difficulty)，而是難題 (Problem)。困難是指需要大量的輸入導致事情不容易處埋，而 Problem 一字源自希臘文，意即「障礙」的意思，像有一大石在你面前阻止你前進。

縱觀三個定義，你會發現，容易的事情，可以是不受控的，又或者是無效的；如果一件事情是容易卻無效的方法，你為上而不顧一切勇往直前，試問有何意義？我們大多數的難題，往往是不斷使用容易的方法，但卻沒效果而已。

Name it、Prove it、Transform it

德國哲學家康德 (Emanuel Kant) 認為，我們同時存在於兩個世界，一個真實的世界 (true world)，另一個是抄襲的世界 (copied world)，真實世界是環繞着我們的外在世界，抄襲世界只是存在於我們心中的內心世界，是我們對真實世界的演繹，但我們卻相信這個演繹就是我們真實的世界，即是説我們以為自己存在於真實世界，原來只是活在自己的抄襲世界之中。

康德明白到當人們看到外在世界的事物，如果是吻合自己的心態和信念時，他便認定那就是真相；若外邊事物違背自己的心態信念，那些事物便是虛假錯誤的。就好像數百年前，人類還在相信宇宙星體是環繞地球轉動，亦即所謂的地心論學說，為要吻合這個心態信念，當時的天文學家甚至建立了一個歪曲的世界，認定火星較太陽距離地球更遠，而且她還有一個奇怪的迴狀軌道！

這個歪曲了的世界，就是當時人類的抄襲世界，因此，人們看到的外邊世界，其實只是一面鏡子，一面反映着你自己的心態和信念的鏡子而已。康德體會到我們根本無法知道，更無法接受真實世界的真相，一切也被自己的信念所歪曲；而且人的思維，不只是被動地接收，進而歪曲外界資訊，更是主動地因應自己的信念，創造一個虛構的抄襲世界，正如當年人們認定為正確的星體軌跡。

這個內心的抄襲世界越是虛構，她引伸出來的想法越是脫離現實，也越令人遠離現實世界的成功，反之亦然；究竟有多虛構，關鍵在於人的信念，先察覺自己的心態和信念，才是上策。那麼，如何才能察知自己的信念呢？

持固化心態的人認為才華和智慧是天生的、無可改變，所以當面對困境時，他們會退縮容易放棄，因為這難題已經踐踏了他們的

紅線；但是，持成長心態的人的紅線，卻是相對寬鬆和充滿彈性，他們不容易被自設的牢獄所困，而且成長心態是有利於放開懷抱，學習新的知識。

成功與失敗最大的分野是不同的心態。

如果你分不清自己到底是處在固化心態還是成長心態之中，假如你無法洞悉困擾你的原因，使得自己是處於膠着的狀態，動彈不得，要進一步發展和成長，這實在是奢望！在本書以下的其他章節，筆者會從區分固化心態和成長心態的過程中，讓大家理解分野的三種重要技巧：

1. 認識它 (name it)

2. 印証它 (prove it)

3. 轉化它 (transform it)

每個人心中都有一條紅線，在線的一端是真實的、正確的、合理的、有用的、應該的、適當的；而線的另一端，當然是虛假的、錯誤的、荒謬的、無用的、不應的、不當的。我們一生，就只是站在線的一端，永不逾越！但是，其實我們是可以有選擇的。分野是一種技術，同樣也是藝術，關鍵在於能否洞悉這是什麼 (name it)，然後思考印證 (prove it)，才可以加以轉化它 (transform it)，最終才能免於被困。本書的第 7 章，筆者會較詳細闡述 21 組

在生活上容易使人混亂的詞語，只要修正此想法，生活就會帶來改變。

在惡劣環境之下，要存活下來，依靠的不單只是強壯的身體、豐厚的物質財產、上天的保佑，更重要的，是擁有成長心態（Growth Mindset)，視苦難和逆境為發展和成長的動力。

Possum 是一種美國負鼠的名稱，當受到威脅時，牠們會作出裝死的樣子，還分泌出惡臭的液體，令捕食者相信牠真的已經死了，當行騙過後，負鼠便稍稍復活，逃之夭夭，這是大自然重要的生存策略。固化心態可能是源自這種扮死的自我防衛機能。

第 4 章

大腦運動學——

動動腦筋，我都做得到。

「鐵不用自會銹蝕，水不動便會混濁，頭腦不用就會枯萎。」
——達文西

「大腦和肌肉一樣，需要被鍛煉。」——Carol Dweck

但自 90 年代開始，不斷有科學研究發現，腦神經細胞是可以激活再生，即使是 90 歲高齡的人士，他們主管記憶的海馬迴都可以再生的。

科學家進一步發現，要激活腦神經細胞是需要有條件的，必須學習及接受新事物，因為學習有助增強腦內連結，形成更大更複雜的神經網絡，需要花費時間和下苦工，努力不斷重複地運用，海馬迴的新增細胞才有機會被激動。所以，長者苦口婆心的教導後輩要「活到老，學到老」，這話是有科學根據的。

像藝術家一樣思考

2004 年，筆者閱讀暢銷書 *Drawing on the Right Side of the Brain* (中譯本名為《像藝術家一樣思考》)，作者是 Betty Edwards 女士。此書全球暢銷超過三百萬本，它之所以矚目，是因為它不單是教人繪畫的書，更是第一本有系統地以繪畫作為介入來教人用腦思考的書。

此書更是無數跨國企業，包括 IBM、Motarola、通用電氣……等的行政人員指定要看的書，用風靡全球、一時無兩來形容此書實在不為過。Betty Edwards 的課程更吸引無數大企業的管理層參加，書中教人一種快速學習繪畫的方法，聲稱能在短短數天之內，使一個完全不懂繪畫的人可以畫得一手好畫。筆者習畫多年，學習繪畫是細水長流的課業，要學有所成必須要下多年的功夫，對此書所吹噓的成效，筆者是有點保留的，不過此書關於腦袋開發的部分實在令人大開眼界。

2004 年五月，筆者遠赴紐約參加「Drawing on the Right Side of the Brain」課程，因為 Betty 年事已高，已經不再授課了，改由她的兒子 Brian Bomeisler 授課。有來自世界各地的 16 位朋友參加，開始的時候 Brian 要同學在毫無指導之下畫第一幅畫，像大部分人一樣，同學對繪畫都有一種莫名其妙的懼怕，在畫板前幾乎完全失去自信，作品的水平也當然強差人意了。

之後 Brian 開始教我們用反傳統的繪畫方法，對着實物，一步一步按他的指示繪畫，慢慢的，神奇的事情就在眼前出現了，所有同學，我強調是「所有同學」，在第三天的時候，繪畫成果是判若兩人，他們已經可以畫得出一般藝術學院學生一年級的水平，一般人要花三至五年時間才學會的東西，他們只需要三天便可以完全掌握，而且更是樂在其中，充滿自信。筆者這個驕傲的所謂藝術家，也不得不真心拜服，與同學相比絕對是平凡無奇。

參加「Drawing on the Right Side of the Brain 課程」的同學，
跟隨 Betty Edwards 的激活大腦學習方法，第一天和第三天的學
習成果，是判若兩人。

人的腦袋是很神奇的，除了懂得批判和分析計算外，亦可以發揮無限的感覺和想像。但我們習慣了對任何事物都先來批判計算，於是腦內這把「聲音」就成為了一種腦內騷擾，無論你有什麼鬼主意，它都是先來一個批判，使得大部分的腦內潛能都被壓抑下去。但這種神奇繪畫方法是運用腦內對於直觀、想像、空間感、非語言的特性，學習在觀察中避免批判腦的騷擾，將精神狀態集中到感覺和想像。

當時筆者對 Brain 說：「這種方法很神奇呀！」Brian 回答：「神奇的不是他的教學方法，而是那已經裝置在每一個人頭上的腦袋。」只要找到對的方法，神奇的事是可以發生的。

每個人都擁有一個神奇的大腦

- 只需付出 35 美元，就可以到化工原料店購買所有組成人類所需要的化學物質，但卻無法創造出一個會行會走的生命，更加不能複製一個腦袋；

- 你可以請一位手工最精細的工匠，製造一個像真的人物雕刻作品，卻沒有能力使它像真人般有智慧和思想；

- 現代人工智能科技可以設計出能擊敗世界棋王的超級電腦，可以用來代替不少人類的工作，但卻沒法使它有感情，會思想，懂得喜怒哀樂，會成長衰老，有血有肉的生命；

分野 Differentiation
顯明差異，練達成長心態

● 我們已經擁有複製人類的技術，但卻毫不了解自己的心
靈是如何運作的。

生命真的很偉大，負責人類思想行動的總指揮官，就是這個平均
只有 1400 毫升的器官，它的名字叫腦袋。它的體積雖然不算太
大，卻包含有 10 的 11 次方的神經元細胞，是銀河系繁星數目的
總和，大腦最複雜的地方，並不在它神經細胞的數量有多少，而
是在每個神經細胞之間的連接（Connection）。每一個神經元細
胞的砍端可以長出多達 2 萬個樹幹狀的樹突（Dendrite），樹突的
主要功能，是接收別的神經細胞送來的訊息，傳遞給自己的細胞
體，並儲存和接收其他細胞所發出的訊息。這種細胞相連結，形
成一個複雜無比的神經網絡，腦袋所能連結的神經網絡，較北美
洲的電話網絡還要長和複雜，神經網絡連結得愈是複雜，人就會
愈聰明，思考愈敏捷，腦的體積大不一定聰明，內部神經連接得
好才是聰明。

1906 年諾貝爾醫學獎得主 Santiago Ramon Cajal 是腦神經科學的
先驅，他認為在成人大腦中，神經迴路是固定的，不可改變的，
神經元在死亡之後是不可以再生的，這是科學家難以改變的
嚴峻事實[20]。在當時的科學概念中，腦袋是一個密閉的系統，是
沒有新陳代謝的能力，所以病人一旦中風、車禍或任何原因而令
大腦受傷了，傷害是不可能復元和補救的。隨着年紀愈大，腦神
經細胞會日益減少，衰退是不可逆轉的事實。

20. https://www.nobelprize.org/prizes/medicine/1906/cajal/article/

上世紀 60 年代，科學家在老鼠大腦中發現幹細胞是可以不斷分裂的，持續不斷複製，這腦神經再生的發現，突破了科學家對腦研究的教條。到了 90 年代時，科學家又發現大腦原來是有互補性的，如果病人中風或者某個部位受損，未受傷的腦部可以把已受傷的腦功能接手過來，甚至取締其功能，即使不能百分之百恢復，但至少給病人帶來希望，使病人恢復做人的尊嚴。但無論如何，大腦的可發展性是非常巨大的，人到離開世界的那一刻，大腦仍然具備持續發展的能力，能發展多少，視乎你如何運用它而已。

有腦不用，過期作廢

坊間有很多個人成長和勵志的書都強調：「你自出生直到死的那一天，都只用到 3-4% 的大腦，你的潛能是無限的！」這絕對是無稽之談。

人的大腦只佔人體重量的 2%，卻消耗接近 20% 的能量，在物競天擇、適者生存的大自然裏，這說法的成本太昂貴，是非常不划算的設計。大腦絕對不會浪費珍貴的空間去供養冗員，大腦的每一吋空間都各司其職，缺一不可，不信？那些不幸腦中風的病人，即使只是某一小部位受創，也足以導致半身癱瘓或者無法說話。

學一種你完全陌生的興趣，讓腦袋注入原素和挑戰。科學家發現，激活腦細胞最好的方法是學習新事物，以增強腦內的連結，形成更大更複雜的神經網絡。學習新事物，讓腦袋注入新元素。

1980 年代，美國鳥類學家 Fernarclo Nottebohm 發現，鳴禽鳥在春天求偶時，牠們的大腦會長出新的神經元來唱歌，吸引異性，但到秋天，生育季節過去了，已經不需要再唱時，神經元就會萎縮，等待來年再生長出來[21]。原來，腦的某一項功能的使命完結了，是會把這部分的功能收回，以騰出空間來發展其他事務，腦袋另一個神奇的功能是，如果你不好好善用，當使用時間一到就會馬上收回，逾期作廢，準備下一個部門來使用。

有哪一種功能是會過期作廢的呢？當成年的時候才開始學習英語，你會發現，無論如何努力學習，說話時總會帶有口音，但是，如果兒童自小在外國長大，他們的英語是不會帶口音的。

原來嬰兒在出生後的五至六年，天生擁有強烈辨識所有語音和學習語言的能力，但其後大腦就會回收這能力，以騰出空間學習其他事物，人的大腦是因應環境的需求而不斷在做改變的，即使是母語，如多年不用，位置也只好讓出來給後來者。這可以解釋為什麼當學習關鍵期過了，大部分的成年人學第二外語都有困難，因為母語已經佔用了心智語言區的大部分空間，新語言的地盤非常有限。

這種「有腦不用，過期作廢」的設計是演化的結果，讓大腦有效運用空間，可以學習更多，使競爭力提升，更具成本效益，但壞

21. Karen Hopkin, 2006."Singing in the Bird Brain , the songbirds studied by Fernando Nottebohm aren't the only ones singing his praises.", www.the-scientist.com/profile-old/singing-in-the-bird-brain-47179

處是，假如我們停止使用，是會日漸忘記怎麼去運作，更甚者，連它在大腦的空間也被其他功能搶去。

如何優化你的大腦

大腦本身已經很優化地讓你可以生存，但卻非很優化地令你有效快速思維，因為大腦是一個最耗用能源的器官，為節省能量，大腦很多時間都在忽略大部分輸入的資訊，好讓它能集中處理其中的極小部分。腦袋裏有一個自動化的篩檢程式，你每天都有數以十萬計的資訊排山倒海的塞進來，大腦是不會任由所有訊息都暢通無阻的進入，它設立了一些篩檢過濾程式，這是自我保護的重要機制，不然，腦袋很快便會因負荷過量而「當機」，它會把一些重要的資料篩走，使你視而不見，聽而不聞，這就是你的盲點。

不少人也希望真正的「聰明藥丸」能夠面世，只需吃一顆，便能讓自己變得更機智，可惜不幸地直至現時為止，答案是「這些藥物還未出現」。不少人透過各種方式，諸如電擊、大腦鍛煉遊戲、補充劑、食物、藥物等等，來優化大腦能力，但至今沒有任何一種方法能有持久效果。

大腦有如人體的肌肉，不去用它，它的效能就會自然倒退，甚至作廢，當你想再次運用它時，已經力不從心了。一些中了風的朋

友經過鍛煉後，受傷部分的功能或可由其他部分替代；失明人士的大腦視覺中心，能夠強化聽覺處理。重點在於我們能否主動地鍛煉腦袋的每一部分，刻意地操練每一關鍵區域，主動地優化整個大腦，好讓它持續地成長。你每天只需花幾分鐘時間，來作這些鍛煉，也能有助大腦持續發揮巔峰表現，每天只做一次便有長遠效果，這意味着任何有效方法，必須持續鍛煉。

亦即是說，所有方法的功效，只是暫時性，若你希望獲取長期效果，就需要持續地執行，否則過了不久就會回復原狀。但如果你認為提升自己大腦功能，是一件極為重要的事情，那麼，每天鍛煉也不再是什麼苦差，反正不少健腦活動，除了能幫助大腦外，本身還有其他功能，往往一舉數得，何樂而不為呢？

大腦不同區域有着不可或缺的功能，要改進大腦效能，絕不能只集中於單一部分，而是多個部位，整個腦袋同時提升。提升大腦效能的基本原理，便是持續地給予大腦新刺激；還在上世紀六十年代的研究，已經發現新刺激能促進大腦發展，近代的腦神經科學更證實，持續的環境刺激，大腦跟身體其他部分一樣，愈加鍛煉，愈能強化，助長腦細胞的生長，以及減慢它們的衰退與死亡，讓大腦時刻保持最佳狀態。

身心同源，
鍛煉大腦的 6 種有效方法

身體和大腦是互相影響的，身體的律動可以促進大腦思考。身體雖然擁有神經細胞，但本身沒有類似腦細胞的裝置，所以它本身當然不能獨自擁有思想的，但卻能通過神經細胞，左右甚至主導思維。近年亦發現了身體不同地方的神經細胞，例如在心臟、腸道、胃部等等，其形態極為接近大腦細胞，未來或能證實身體能有自己獨立思維也不出奇。若能掌握身體如何主導思維，我們將更能控制自己的想法，而且還能強化思維能力。

以下介紹六種有效的健腦方法：

1. 運動皮層（Motor Cortex）

科學家發現，職業小提琴手每天都是不停練習小姆指，他們腦內負責指揮手部肌肉的地圖會比普通人活躍得多，小姆指地圖亦會比其他指頭的地圖大，因為大腦的可塑性有競爭的本質，愈用得多會愈發達。運動皮層協調身體的活動，每天抽空一些時間，操練一些新的身體動作，例如瑜珈、太極、羽毛球或任何運動動作，重點是每天也練習不同的新動作，讓大腦不斷接收新的刺激。有氧運動，如游泳和慢跑可以使血管（包括大腦內的血管）保持更好的形狀。

此外，玩耍是大腦的益友，老鼠在一個有趣的玩具和玩伴的環境中，海馬迴顯示有 4000 個新神經元增加（這是記憶和學習的關鍵），沒有玩具或玩伴的老鼠，則只有 2400 個新增神經元，有玩具的老鼠的大腦，也變得更大更快！玩玩具、拼圖、國際象棋、策劃等可以是非常有用的，棋類活動對訓練大腦是非常有益處的，因為棋類運動需要同時動員你的整個腦袋，高級棋手的大腦資訊處理速度，亦較一般人為高。再者，下棋更能鍛煉你的工作記憶，好像增加了你電腦的記憶體般，讓你更能盤算下一步，以致想到更長遠的行動。

2. 味覺皮層（Taste Cortex）

品嘗各種不同類型、不同國家、不同省份的食物、飲品或酒，同時仔細分辨各種味道，不只是甜酸苦辣鹹，而是吃得出這些食物在程度上的分別。

3. 前額葉皮層（Prefrontal Cortex）

前額葉皮層負責認知功能，在人類思維中，扮演着不可替代的角色。刺激前額葉皮層的方法眾多，一個簡單而有效的方法，就是有意識地呼吸。大部分時間下，呼吸是無意識的活動，由底腦及中腦負責，大腦無需過問。當你有意識地呼吸時，我們既可有意識地控制深呼吸，讓更多氧氣輸送到腦部，又可讓前額葉皮層協調大腦其他區域，一舉兩得。

4. 視覺皮層（Visual Cortex）

視覺皮層處理由眼睛傳來的視覺資訊，人腦大部分資訊都來自視覺，強化視覺處理效能，是提升思維的最佳槓桿；看書時，閱讀可以創造增強大腦智力的刺激，特別是引人入勝的小說，可以讓大腦不斷地思考和重組。除了閱讀之外，還可以看世界各地不同的電視、電影，看一場色彩豐富的舞台劇，欣賞藝術作品，細心欣賞不同的風景，山海四季的變化，既能優化視覺皮層，又可提升藝術氣質，當輸入的視覺資訊品質和複雜性愈高，我們的大腦中就愈會出現更多的重組及組織，一箭雙鵰。

5. 聽覺皮層（Auditory Cortex）

焦慮與緊張影響着每一個現代城市人，它們除了降低人們的生活質素外，同時影響身心健康，而且阻礙思維的速度與精準，讓你的思想固化。悠揚的音樂，有紓緩焦慮緊張的效果，能降低壓力，讓人進入一個完全放鬆的狀態。

在網上搜尋不同類型的音樂，特別是一些你從未聽過的音樂類別、歌曲樂曲，到郊外去細聽大自然的風聲、雨聲、花鳥蟲魚的音韻等；當你聆聽的時候，反問自己：這首音樂、這些聲音有什麼特別之處？你喜歡它什麼？你不喜歡它什麼？為什麼呢？有否令你想起什麼？

6. 嗅覺皮層（Olfactory Cortex）

五種感官之中，嗅覺是最能引發記憶與情緒的，因為嗅覺皮層，與負責情緒及記憶的杏仁體（Amygdala）及海馬迴（Hippocampus），有着直接連繫；每次進食前，先感受一下食物的氣味，並在心中詳細形容每種食物的不同氣味。

許多人認為隨着年齡的增長，大腦機能會衰老退化，事實是，不是年齡使你的大腦變得更糟，而是沒有為腦袋做優化練習，重要的是，要積極地參與你不熟悉的領域，學些新東西，讓大腦神經細胞不斷產生新連結，鍛煉愈多，大腦愈靈敏，縱使你每天只花幾分鐘時間作這些鍛煉，也能有助大腦持續發揮好表現。

大腦離線──思想放空

達文西在創作「最後的晚餐」(The Last Supper) 時，每工作一段很短的時間，便躺下睡覺或東張西望，總之就是擱下畫筆。公開展示畫像的日子快到了，付錢請他畫像的神職人員焦急了，院長不斷懇請達文西大師積極工作，像其他園丁一樣勤勞。半睡半醒的達文西對院長說：「偉大的天才有時在減少工作下反而完成更多。」

當你的學生、孩子在午睡或者望向窗外時，切記，他們不是在偷懶，而是讓腦袋內的小宇宙發揮得更好。讓腦袋休息放空，騰出的空間及時間定必會帶來意想不到的效果。

當你絞盡腦汁跟一個複雜的問題奮戰，但仍百思不得其解得快要放棄的時候，停一停，什麼也不做，或者做一些完全不相關的事情，出去戶外走一走；聽聽音樂；看看漫畫；看場電影，或是直接上牀睡覺……然後腦海就會叮咚一聲，靈光乍現，答案突然浮現出來。

讓大腦休息一下，暫時關掉電源，離線一會，放鬆一下，讓大腦充充電，大腦必定會給你更好的回報。你希望可以發揮最佳狀態，

在激烈運動之後做一些緩和的運動，交叉間歇的做，才能發揮最好的效果，讓大腦完全放空一下，暫停運作，當回過神來，你會發現解決方法、突然站在你面前。

在適當的時候休息和靜止，就是保持腦袋思緒清晰的最佳方法。

除了腦袋之外，我們的身體也是會思考的，如果只是腦袋靜了，但身體仍未安靜的話，也是徒勞無功。身體有思想嗎？有的，舉一個例，在天氣寒冷時，是你的身體感覺冷，還是你的大腦感覺身體冷呢？現代科學會告訴你原來是後者，身體是一個接收器，但它不需要另外一個處理器，才能告知你它接收到的資訊，那麼身體就具有處理資訊的能力，也有它本身的思維。

你可以想像身體和大腦，好像兩個不同的處理器（CPU），前者擁有處理接收到的資訊的能力，但我們大多數也沒有好好把它調校，唯有另外靠大腦這一顆處理器兼顧這項工作，結果既做得不好，又加重了大腦的負擔，兩面也不討好。

要思維處於最佳狀態，我們需要調校好「身體」和「腦袋」這兩顆處理器，令他們產生應的有協調效應，這樣除了能消除大腦的額外負擔，讓它能全速運行外，身體更能即時處理接收到的資訊，那麼身體和腦袋便能同步運作，發揮最高效益。

「思考是痛苦的，人往往把必須思考的事情，拋諸腦後。」

福樓拜（法國文學家）

大腦絕對不是靜態固化的器官，它具有極大的可塑性，像肌肉一樣是可以鍛煉的，而且愈常鍛煉，就會變得愈強壯，每當我們有新的經驗、學習新事物時，大腦裏的神經元會不斷擴展，形成新的連結，網絡結構也會愈來愈密，就會愈變愈聰明，我們的能力也會隨之提升[22]。

---

22. Dreck Carol, (2017) *Mindset, Changing the Way You Think to Fulfil Your Potential*. Updated Edition. Robinson. pp. 231-233.

每當面對新的挑戰時，大腦會加速活動，創造新的神經元連結，連結愈多，腦袋會愈來愈聰明，成長型心態模是可以被訓練和塑造的。

神奇的不是方法，而是那已經裝置在每一個人頭上的腦袋，
只要找用對的方法，神奇的事是可以發生的。

第 5 章

向失敗學習——
成功地失敗的學問

特朗普總統也有失敗時，他曾推出一款類似大富翁的卓上遊戲，以地產買賣的噱頭吸引玩家，他自以為最好的產品，卻慘敗收場，被清費者 fired，這產品慘遭驅逐出市場。

失敗是常態

失敗無可避免，唯一可以做的就是向它學習。

「如果你試圖去找出做每一件事情的正確方法，這肯定是極大的錯誤。」

Alan Watts（當代英國哲學家）

IBM 創辦人 Thomas Watson 曾說：「邁向成功的最快方法，是把失敗率提高一倍。」

超人也有失手時

美國 IBM 集團旗下一個部門虧損了數百萬美元，行政總裁把部門主管召到他的辦公室，主管戰戰兢兢地問：「我是否已被解僱了？」行政總裁驚訝地說：「才不會呀，我們剛剛花了幾百萬來教導你！」

我們的社會瘋狂迷戀成功，家長渴望孩子不要輸在起跑線，否則將來如何成功？成年之後最關心的，是如何在競爭劇烈的環境中脫穎而出，否則如何成家立業，擁抱車子、房子？在書店裏的暢銷書三寶，永遠都是命相風水、旅行、成功學，這三寶無獨有偶，都是關於渴望成功、追求成功和享受成功。

失敗是常態，獅子在非洲大草原狩獵的成功率有多高？ 100%、80%、50%……有動物學家觀察到，如果獅子獨自獵殺時的成功率很低，只有 18%，而群體出擊的成成率就高得多，高多少？有 30%，即一群獅子每 10 次出擊，便有 7 次空手而回，整個族群都要挨餓。

成功是人人都想要的，但當達不到預期目標，當失敗來襲時，那種自我責難，那種被人自扁，被人……總之百般交雜萬般悲慘的感覺，讓人喘不過氣，「失敗，請不要來找我！」

有非正式的調查顯示，美國的企業家中每人平均有3次破產記錄，即是對世界最成功的企業，賺最多錢的企業家來說，失敗是家常便飯。你不相信？以下3個企業慘敗的例子，你也許曾聽過吧！

- 蘋果電腦是世界上最成功的企業之一，但它亦有失敗時，90年代，蘋果推出牛頓 The Newton 掌上型電腦，此型號電腦設計創新，獲得不少專業用家給予很高的評價，但因為當時技術仍未成熟，在執行上有欠完善，並未受消費者接受。只有數家醫院使用此裝置，最終宣布產品失敗。不過，公司大腦賈伯斯之後重新調整了牛頓個人電腦，加以改良優化，成為今天你我都機不離手的 iPhone 和 iPad。

- 美國總統特朗普給人的印象是態度囂張，趾高氣揚，不可一世，絕對不能忍受失敗，當其他人表現欠佳時，他會毫不猶豫的大叫一聲：「You are fired！」但原來特朗普本人亦有失敗之時，他其中一件自以為最好的產品，亦被消費者 fired，慘遭驅逐出市場。

分野 Differentiation
顯明差異，練達成長心態

上世紀 80 年代，特朗普集團（Trump Organization）推出一款類似「大富翁」的桌上遊戲，以地產買賣的噱頭吸引玩家，聽起來沒什麼特別的，但賣相卻有點令人不安，因為它使用了大量特朗普先生的樣貌作為招徠，他那張招牌笑容和罵人的兇悍樣子在產品上無處不在，而標語更是「You are fired！」，你會花錢買一套這樣的遊戲，然後給他指着頸項被他 fired 嗎？很明顯，這個「自戀」遊戲當然是一敗塗地。

- 美國 3M 公司是世界最大的化工產品研發及生產商，今天，你在辦公室每天都會使用 3M 便利貼，貼在各式各樣的文件上以作識別，它可以粘貼在任何地方，也可以隨意撕下來而絲毫不留跡痕，非常方便。

原來，便利貼曾經是 3M 公司其中最失敗的產品。初時，大家都覺得這東西有點黏但又不太黏，完全不適合工業使用，根本就與廢物無異，在將要放棄的時候，團隊工程師靈機一動，把這新東西送給公司各部門秘書試用，秘書們如獲至寶，多年來困擾着他們的辦公室小問題終於找到解決方法！3M 把這產品正式推出市場，並教導消費者使用的方法，慢慢地改變了辦公室的操作文化，更成為了 3M 最暢銷的商品。

「失敗乃成功之母」這句話雖然了無新意，聽起來絕對過時，但卻是發人深省的恆久真理。在歷史上眾多成功人士和企業，無不曾被失敗所困擾，他們之所以最終成功，是因為洞悉了失敗的規律，誠心向失敗學習，幫助他們看多一些，看闊一些，看遠一些，沒有看漏應該要看到的東西。

人們會因為視野擴闊了而發現更多的選擇和可能性，會因沒有看漏重要的東西和觀點，而思想被封閉。如果有更多的可能和更多的選擇，也許悲劇是可以避免的。發現和認識自己的盲點，是為自己提供多一些選擇，選擇愈多，成功機會也會愈多。

上帝不容許有人全勝

在非洲大草原上，獅子是食物鏈中頂端的獵食動物，幾乎沒有任何動物可以與之匹敵，你猜獅子狩獵的成功率有多高？100%、80%、50%……有動物學家觀察到，如果獅子獨自獵殺時的成功率很低，只有 18%，而群體出擊的成功率就高得多了，高多少？有 30%，即一群獅子每出擊 10 次便有 7 次空手而回，整個族群都要捱餓[23]。

原來，非洲草原上狩獵成功率最高的動物是野狗，即在你家中那「汪星人」的遠房親戚，野狗獨自獵殺的成功率是

23. Wild Wings Safaris in Animal Encounters.(2016). "Which are Africa's Most Successful Predators?" Wildlife. https://africageographic.com/blog/africas-successful-hunters/

26%，而成群出動的成功率是 46%，對，不足一半，但已經是大自然中最厲害的獵殺機器，平均每兩次出擊，都會有一次失手要令孩子挨餓。

上帝創造萬物時根本不容許有全勝者，大自然也不容許有全勝者，人類社會亦不可能出現全勝者，否則世界就會失去平衡。萬物總是需要有時勝、有時負，有時成功、亦有時失敗，這才符合造物者的心意，如果你沒有宗教信仰，不相信有上帝的話，那麼就理解為萬物演化的定律吧。

在你的工作上，你的成功率有多高？你子女考試默書的成功率有多高？如果只有 30% 的話，恭喜你，你可以與萬獸之王匹敵，如果有 50% 的話，你已經是世界上最頂尖的搵食高手了！

很多人抱怨「為什麼失敗的總是我？」上帝設計出最凶猛的狩獵動物的成功率都不足一半，你有何本領可以優勝得過獅子和野狗？如果你考試總是不合格，你見客的成功率常常都不足一半，你見工、考大學時總是沒有面試的機會，你約會心上人時總是被拒絕⋯⋯恭喜你，證明你是一個正常人，大自然是不可能讓你做任何事情都是得心應手，保證百分百成功的。

失敗可以幫助人再思考、判斷與重新修正計劃,而且經驗顯示,通常重新檢討過的意見會比原來的更好。失敗並不丟臉,不失敗才是不正常,重要的是面對失敗時,不要因此而一蹶不振。試想,如果獅子和野狗因為失敗而懷憂喪志,怨天尤人,不汲取教訓,不改正狩獵技巧,不能從中學習到更厲害的絕活,牠們必定會成為其他掠食者的大餐!

成也心態,敗也心態

失敗最重要的功能是給你一個學習經驗。史丹福大學教授 Carol Dweck 在實驗中,給了一群小孩困難度很高的拼圖,固化心態的小孩最初還很投入參與,但難度愈來愈高時,很多小孩都放棄了拒絕再玩。

相反,對於擁有成長心態的孩子來說,當拼圖的難度愈高時,反而愈興奮,他們不僅沒有被難倒,沒有感到挫折,反而覺得是在接受挑戰,是在學習,在他們的面上似乎沒有被烙上「失敗」兩個字[24]。Carol Dweck 提醒成年人,在面對失敗時也應該學習小孩子的精神,提醒自己,失敗是最好的學習機會,它幫助你思考出更好的方法,摸索一條,甚至很多條更有效的通往成功的道路,失敗是必然的,大家必須要先好好認清這個事實。

---

24. Dweck Carol (2017) *Mindsets - Changing the Way You Think to Fulfil Your Potential* Upated Edition. Robinson. pp 3-12.

分野 Differentiation
顯明差異，練達成長心態

固化心態的人相信聰明才智是上天注定，永遠無法改變，成功是因為天賦比別人好，在他們的世界裏，失敗與成功是劃分人高低的標準，他們將失敗歸咎於自己不夠聰明，是自己的能力有限：「因為我不夠好，都是沒用的！」、「我已經盡了力，你還想我怎樣？」、「這不是我的問題！」、「我一點天分也沒有！」……對他們來說，也許放棄是唯一的出路。

相反，抱有**成長心態**的人相信天賦只是起點，人的才能可以經由鍛煉而改變，認為成功是指做到最好的自己，而不是較別人好，挫折與失敗只是挑戰，每一次遭遇挫折，總能從中找出改善辦法，成功要靠努力，失敗是學習的一部分，任何事都可以從學習開始，能力是可以不斷發展的，今次做得不好，重新再來是可以更好的，這是信念使然，愈努力做好一件事，效果愈好。

只要動動腦筋，腦神經細胞會愈用愈強壯，當經歷失敗之後，腦細胞會知道原先那個方法是不行的，動動腦筋，讓腦細胞改走另外一條路，當出現第二個答案時，再動腦思考可以再找到第三個、甚至更多。

每次的鍛煉，都能啟動及活化大腦神經細胞，它們會不斷的加強聯繫，與腦袋內不同區間的神經細胞進行新的連結，成為愈多、愈緊密、愈複雜的網絡，人就會變得更聰明。所以，從腦神經科

心態持續影響生活的各個範疇。具有成長心態的人相信自己具備學習能力，可以從挫折中學習，不會在困難面前退縮，失敗也許是另一種機會。

學的角度來說，失敗的經驗愈多，解決問題的能力就愈強。常常動腦筋，它就變得更豐富。失敗絕對是一件好事，我們應該要為可以有機會失敗而歡呼鼓掌[25]。

不同的心態，對「失敗」的信念是有天壤之別的，真的是成也心態，敗也心態！

向失敗學習的 12 個心態

如何才能反敗為勝？發明家愛迪生曾說：「能確保成功的最佳方法，就是永遠都再試一次。」

本書並不打算教你什麼反敗為勝的方法和步驟，因為每一個人的處境都不同，以下是一些當你真正失敗時，你應該持有的心理素質，請慢慢細味，從中思考：

1. **失敗是人生的一部分：**成功的相反不是失敗，成功的相反是放棄，失敗只是成功的一部分，因為人生不如意事真的是十常八九，失敗總是佔據你大部分的人生，這是常態。

2. **失敗會引發更大的失敗：**做了十件「對」的事，也未必會使你成功，但只要做「錯」一件事，絕對可以導致徹底的失敗，如

25. Dweck Carol (2017) *Mindsets — Changing the Way You Think to Fulfil Your Potential* Upated Edition. Robinson. pp 15-16, 99-101, 147-148.

果你不能從中學習，發現不到當中的運作模式，只會不斷重複，再次失敗，甚至是面對更大的失敗，失敗會永遠伴隨着你。

3. **失敗讓人更堅強：**如果你對失敗有更全面、更透徹的理解的話，它會使你變得更堅強、更有能力、更有智慧去面對一波接一波的衝擊。

4. **失敗是無可避免的：**如果你認為失敗是由於其他人所引起的，與自己完全無關的話，那麼，失敗真是無可避免的，它要來的話，無論你如何阻止，怎樣堵截，它都會自己上門找你麻煩，因為除了自己之外，你是無法控制所有人的。

5. **失敗是可以避免的：**但失敗是可以避免的，如果你能夠理解得到失敗的主要原因是你自己，你唯一可以做的是：接受失敗是常態，它是一種挑戰，是成長學習的機會，你自己要負起責任。

6. **失敗使人更有自省和警覺能力：**廣東話有一句俗語：「見過鬼都怕黑」，當你遭遇過一些可怕的事情後，你會有所警惕，以後不要再重蹈覆轍，或者盡量避免走同一條路，使人有意識地提高戒備，認真檢討，積極面對，以後不要再見到那些東西，如果失敗可以讓你更加自省，主動學習，失敗又有什麼可怕？

「我們不需要魔法來改變世界，我們已經擁有所需要的力量；
我們擁有能力去想像得更好。」

羅琳

7. **失敗比成功更重要：**即使是成功了 10 次，只要失敗 1 次，就能把過去的成功付諸流水，足以令全盤皆落索，所以應要掌握如何做「對」之道。

8. **不失敗等於小成功：**如果移走引致失敗的條件和原因，即可達致小小的成功，若果再加上成功條件，小成功可以累積成為真正的成功了。

9. **失敗主宰你的未來：**因為失敗是無處不在，而且毫無道理可言，更加會陸續有來，更有可能是在你完全沒有心理準備的情況下到來，如果你毫無防範，那麼就是由它主宰着你，但如果是有備而戰，這就是你主宰了局面，奪回自己人生的發球權。

10. **主動失敗較被迫失敗重要：**積極地面對失敗、主動失敗、學懂失敗的竅門，才能避免失敗。

11. **不敢面對失敗是人生最大的失敗：**積極面對失敗才能夠為持續成功打下堅固的打樁柱，如果你不敢面對失敗，你的一生可能是白過，這才是人生最大的失敗。

12. **主動選擇失敗總好過讓失敗來選擇你：**既然「失敗」是無法逃避的，與其等待它登門到訪，被動地讓它走來找你，不如是你先主動去了解它、面對它、仰望它、研究它……當你全面了解什麼是失敗的時候，你就可以主動迎接失敗，向它學習，從中找出「避免失敗」的成功基因，注入自己的體內，成為免疫能力，長久而持續的成功才會伴隨而來。

許多人之所以獲得最後的勝利，只是由於他們的屢敗屢戰，每次失敗都能找到學習的機會，為下一次成功累積資本。對於從未遇到過重大失敗的人來說，是錯失了學習的大好良機！失敗絕非單單是一堆可以看得到的徵狀，失敗的背後是一系列的因果關係，失敗讓你可以暫時停下來，檢視一下事情背後那錯綜複雜的系統，如果不理解事情背後其實發生了什麼事，不改變心態，你的改善方法只會是搔不着癢處，那麼，不幸的事情總是會再來找你。

失败并非成功的相反，它是成功的一部分。

向大師學習失敗

向愛因斯坦學習

以下極發人深省的句子，是愛因斯坦說過有關失敗的精句：

- 每個人都困坐在自己想法的監獄中，他必須把它爆開。

  Everyone sits in the prison of his own ideas; he must burst it open.

- 創意是有趣地運用智力。

  Creativity is intelligence having fun.

- 解決問題需要新的方法。

  Problem solving requires new approaches.

- 如果我有一個小時來解決難題，我會花 55 分鐘思考那個難題本身，才再用 5 分鐘思考如何解決。

  If I had an hour to solve a problem I'd spend 55 minutes thinking about the problem and 5 minutes thinking about solutions.

- 知不是識。

  Information is not knowledge.

- 教育不是事實的學習，而是訓練人去思維。

  Education is not the learning of facts but the training of the mind to think.

- 想像力比知識更重要。

  Imagination is more important than knowledge.

- 我從來沒有教導我的學生，我只是試圖提供他們能夠學習的條件。

  I never teach my pupils, I only attempt to provide the conditions in which they can learn.

向《哈利 • 波特》作者羅琳學習

Harry Potter 的作者羅琳在哈佛大學演講主題：「失敗的好處和想像的重要性」，非常精彩！以下節錄了她在二十分鐘演說中的 10 句名言，句句精彩，值得珍藏，慢慢回味它們的寓意：

- 埋怨你的父母是有屆滿日期的，當你年紀夠大時，責任就在於你。

  There is an expiry date on blaming your parents for steering you in the wrong direction; the moment you are old enough to take the wheel, responsibility lies with you.

- 才華和智慧，從不令任何人免於命運的反覆無常。

  Talent and intelligence never yet inoculated anyone against the caprice of the Fates.

- 我不需要站在這裏告訴你失敗是件有趣的事。

  I am not going to stand here and tell you that failure is fun.

- 失敗意味着剝掉無關緊要的事物，我不再假扮什麼，開始投放我所有的精力，投放到唯一對我最重要的事情上。

  Failure meant a stripping away of the inessential. I stopped pretending to myself that I was anything other than what I was, and began to direct all my energy into finishing the only work that mattered to me.

- 我們不需要魔法來改變世界，我們已經擁有所需要的力量：我們擁有能力去想像得更好。

  We do not need magic to change the world, we carry all the power we need inside ourselves already: we have the power to imagine better.

- 很多人不願意使用他們的想像力，他們選擇繼續舒舒服服地，停留在他們自己的經驗範圍之內。

  Many prefer not to exercise their imaginations at all. They choose to remain comfortably within the bounds of their own experience.

- 那些選擇不去同情別人的人是有着真正的獸性；就算沒有犯罪，我們的冷漠，等同與野獸共謀。

  Those who choose not to empathize enable real monsters. For without ever committing an act of outright evil ourselves, we collude with it, through our own apathy.

- 20多歲的時候，每一天我也在提醒自己，我是多麼的幸運。

  Every day of my working week in my early 20s I was reminded how incredibly fortunate I was.

- 只需簡單的存在，我們在感動他人的生命。

  We touch other people's lives simply by existing.

- 故事猶如人生：不在乎長短，只在乎精彩。

  As is a tale, so is life: not how long it is, but how good it is, is what matters.

向米高 • 佐敦學習

米高 • 佐敦（Michael Jordan）多年來說過不少名句，十分貼近我們向失敗學習的理念，抄錄分享如下：

- 我能夠接受失敗，是因為任何人皆會失敗，但我不能接受不去嘗試。

  I can accept failure, everyone fails at something. But I can't accept not trying.

- 我相信如果你能夠投入工作，自然會得到成果；我不會不認真地去做事，因為我知道如果不認真的做，我只會得到不認真的成果。

  I've always believed that if you put in the work, the results will come. I don't do things half-heartedly. Because I know if I do, then I can expect half-hearted results.

- 我不斷地失敗，所以我成功。

  I've failed over and over and over again in my life and that is why I succeed.

- 有些人要它發生，有些人想它發生，又有些人令它發生。

  Some people want it to happen, some wish it would happen, others make it happen.

- 如果你撞了板，不要轉身一走了之或者放棄，想方法爬過它，穿越它，或者繞過它。

  If you run into a wall, don't turn around and give up. Figure out how to climb it, go through it, or work around it.

- 如果你希望有所成就，那就必定將要面對障礙，我曾經面對過，每一個人也會有，但障礙並不能阻止你。

  If you're trying to achieve, there will be roadblocks. I've had them; everybody has had them. But obstacles don' t have to stop you.

- 失敗從來都令我在下次更努力。

  Failure always made me try harder next time.

- 如果你付出了努力，好事自然會降臨在你身上，比賽是這樣，人生也是這樣。

  If you put forth the effort, good things will be bestowed upon you. That's truly about the game, and in someway that's about life too.

- 要常常把負面的情況轉變成為正面的情況。

  Always turn a negative situation into a positive situation.

100 個理論，不及一個行動

不少人把錯誤、做得沒有上次那麼好、被人拒絕、損失、下跌、停滯，全都當成「失敗」，或許上述那些情況都並非好事，但也不能稱得上「失敗」。當每一次所遇到所謂的「失敗」，便會增加挫敗感，令人逐漸不想再作嘗試，那時就是真的失敗了。

什麼是失敗？當未能達成預計結果，才算是失敗，但不少人連自己想要什麼也不知道，何來失敗？當你清楚知道自己真正想要的是什麼的時候，下一步要做的就是行動。

100 個理論不及有一個行動來得實際，這是說和做的分別。光說不做的人，很容易找到放棄的理由，然後便順理成章心安理得的不做。只有會行動的人才有機會成功，即使在行動的時候再次遇上挫敗，那又如何？動動腦筋，改用別的方法就是了！所以行動是最實際的。

勇於行動的人才會樂於嘗試，不為失敗找藉口，不抱怨也不會依賴別人，用行動去扭轉形勢。成長心態是成功的基礎，只要找到

正確的路徑，就不要輕言放棄；深信只要堅持到底，困難是可以迎刃而解。在逆境之中，堅持不會被威脅或恐懼嚇倒，而令自己放棄目標，緊記只要有一而再，再而三的努力，心中想着要做的事，這樣，即使再困難艱險，你已獲得新的信心和決心，無論面對什麼障礙，無需失望或絕望低頭，挑戰才算正式開始呢。

「沒有失敗，只有回饋」，失敗只是一種回饋，讓你知道現行方法不能達成預期效果，當跌下倒地，不緊要，動手包紮仍在淌血的傷口，爬起來，拍拍身上的泥塵，思想下一步應該如何走，從中學到什麼，然後挺直腰板，再次上路。世上是充滿失敗的，當你害怕失敗，不再行動，這才是最大的失敗；如果你把途中的挫折當成是你人生的失敗，更是徹底地失敗。

主動戰勝失敗的 5Fs 法則

一般人對失敗最大的恐懼，莫過於害怕一旦失敗了就不會再有第二次機會，西方有一句諺語：「知識是醫治恐懼的良藥」，要戰勝失敗，第一步就是要了解它，對它知道得愈多就愈不會恐懼，失敗就不會是最後結局。就好像參加考試一樣，一兩次成績不理想，並不代表什麼，反而從中知道自己學習的弱點。第二步就是主動出擊，直視它、面對它、克服它，這是一場在內心進行的戰役，戰勝失敗將會成為你人生最大的資產。以下介紹 5 個主動戰勝失敗的法則，避免一再重蹈覆轍。

覺悟失敗 (Fail More & Fail Fast)

失敗得愈多，學習機會就愈多，領悟愈大，所以愈早遇見失敗並接受它，避免拖拖拉拉，便可以在短時間內認真思考錯誤，總結經驗，盡快重新上路，從谷底反彈出來。失敗的人總是喜歡拖拖拉拉，不肯認真解決問題，如果不及時修正，不如盡快放手，例如某些痴男怨女，那千絲萬縷的感情問題，總是拖拖拉拉，到頭來只圖添雙方痛楚。

向前失敗 (Fail Forward)

即使跌倒都要向前跌，因為這可以縮短你與目標的距離。例如：某人希望女朋友回心轉意，卻辱罵對方，甚至使用暴力，這只會令對方更快離開，偏離了原先的目標！但現實生活裏這類事情是經常發生，向前失敗是，即使眼看快將失去，亦須保持清醒，認清自己的目標，理性行事，把傷害減到最低。

學習失敗 (Learn to Fail)

向失敗學習的最好方法是模擬失敗，預先想像在處理一件事情時有可能遇到的失敗情況，再計劃後備方案。愈自以為是的人就愈少有兩手準備，因為他們無預計過自己會失敗，而這情況往往會錯得一敗塗地。模擬學習是預先做好失手的準備，預先計劃可行的應變方案，或者定出 plan B，有可能的話，可以預習幾次，萬一真的失手了，也可減少損失。

分野 Differentiation
顯明差異，練達成長心態

公開失敗 (Announce Your Failures)

將自己的錯失向外宣揚，公開告訴給你身邊的人，這樣做有兩個好處：(1) 無需浪費氣力去遮遮掩掩，將全副精神留來處理爛攤子。(2) 一般人都愛面子，當別人知道你已經有第一次失敗，為保持你的自尊，你會迫自己以後更加慎重行事，千萬不要犯同樣的錯誤。

教導失敗 (Fail & Teach)

失敗是老師，如果你有很多失敗的經驗，恭喜你，你也可以成為別人的老師，與其他人分享你的寶貴經驗。教與學是一個檢討和汲取教訓的好機會，以自己的失敗經驗去教導別人，你要將整件事的前因後果來龍去脈仔細反思，總結教訓，然後組織起來，編寫成教材教導別人，其他人可以提高警覺，他們聽完之後可能會有回饋，你又可以從中學到更多，教學相長，大家得益，何樂而不為！

成功是留給肯繼續堅持到底、不輕易放棄的人，無論什麼情況下總要努力地撐下去，只要咬緊牙關仍是會有成功的機會！固化心態的人因為懼怕失敗，他們以為最有效保護尊嚴的策略就是放棄，打工仔偶爾事業不如意就放棄，於是不斷轉行，結果走了大半生路仍然一事無成；有些親人或愛侶輕易就放棄了累積多年的感情關係，反目成仇；最可惜的是，不少人甚至會放棄自己的生命。

很多持固化心態的人一開始便打算放棄，沒法好好地完成一件事，總是認為「人生已經被注定了，努力也沒有用」，於是不明不白的為生命投了棄權票。以下這個老掉牙的故事總聽過了吧？愛迪生失敗了9900多次仍發明不了電燈泡，全靠他的耐性和決心，終於支撐下去而且成功發明了電燈。成長心態的人總是不容易放棄，追求最後勝利，失敗是常態，有什麼大不了！

我不完美，但我喜歡自己

日本有一種美學，稱為「物哀」（Mono no aware），是日本傳統的審美觀念之一。日本人覺得萬事萬物都是短暫的，燦爛之後很快就會殞落滅亡，萬物都有它的成長、燦爛、凋零、枯萎、死亡等不同的片段，每一個片段都是值得留戀的，每一個細節都有值得欣賞的地方，每一個過程都有它的美。無論是蕭條的冬日、殘破的山丘、倒塌的危牆、發黃的枯葉⋯⋯都有值得回味的哀傷和幽思。

世事無常，即使是看起來毫無用處的東西，其實都有它的價值，都很美，這就是莊子「無用之用，是為大用」的藝術。錯誤和失敗看起來對人生毫無用處，但只要你細味欣賞，認真反思，它們其實是很有用的，也可以很美麗。

我絕對不是完美，但我喜歡我自己！

第 6 章

轉換說法，轉換心態

Change Your Words, change Your Mindset

語言是思想的載體

英國思想家維根斯坦 Ludwig Wittgenstein 被譽為是 20 世紀最偉大的哲學家之一，他改變了傳統哲學必須基於原因推斷這個典範，認為哲學也可基於語言，因為語言同時建基於邏輯關係 Logical Context 與及社交關係 Social Context。

簡單而言，語言反映着我們內心的信念和心態，亦即是可以通過語言，把內心的心態信念表達出來。心態是我們的慣常想法，而慣常想法影響着我們的慣常用語，因此，通過分析一個人慣常的用語，便能察知他們的心態信念，因為思維與語言是互動的。

舉例來說，如果我要你用一個字詞，又或一句短句來形容你的人生、你的事業、你的家庭、你的健康，和你的理想，你會分別用什麼字詞或短句呢？然後請你稍為改變那些字詞或短句，你的想法又有什麼分別呢？

請你細心留意自己及別人的慣常用語，適當時稍作調整，會慢慢發現，你正在逐漸調校自己的心態信念，心態改變了，人生也在逐步調整。當你轉換了說法，你便轉換了心態 (Change your words, change your mind)。

你是你命運的主人？

相信你也曾看過宗教電視節目《權能時間》(Hour of Power)，這曾經是美國最受歡迎的宗教節目，在全球十多個國家播放，有數以千萬計的觀眾，節目的創辦人是蕭律柏牧師 (Robert Schuller)，他亦創辦了著名的水晶大教堂 (Crystal Cathedral)，美輪美奐，是當代最偉大的宗教建築物之一，牧師每星期在水晶大教堂講道，並全球直播，影響力一時無兩。蕭律柏不單是傳道人，亦是一位充滿熱誠、非常有感染力、有魅力的勵志演講家和作家，是成功學的一代宗師。

他的著作《可能》(Move Ahead With Possibility Thinking) 風行一時，提倡積極正向思維，說話鏗鏘有力，感染了幾代人的成長，他的讀者不單只是基督信徒，更有世界各地不同背景的人。他鼓勵人凡事從好的方向想，只要有夢想，什麼事都是有可能的，他有以下膾炙人口的勵志說話：

「你是你命運的主人。」

(You are the master of your destiny.)

「敢想，敢夢！」

(Think big and dream bigger.)

「把『不可能』這個字從你的人生中刪除，刪除，永久刪除！」

(Cut the word "impossible" out of your life! Cut it out! Cut it out forever!"

「『不可能』已被證明是十分愚蠢的字詞！」

(The word "impossible" has proven to be a very stupid word.)

在蕭律柏牧師的生命中是沒有「不可能」這回事的，只要有夢想，敢去闖，萬事皆可能，失敗似乎不是他生命的選項。但諷刺地，在他晚年時水晶大教堂出現財政困難，家族也出現分歧，他與當時是繼承人的女兒及兒子鬧翻，兒子被迫離開，他亦於 2010 年宣布破產。

美國 60 年代出現了一場「自尊心運動」，鼓勵人發揮優點，強調每個人都是獨特的，是上天賜予的天使，提出家長和學校須注重孩子的感受，透過不斷的讚賞、獎勵和認同孩子的行為，灌輸正面的思想和生活態度，倡議沒有失敗的學校和家庭。學校必須增強孩子的成就感，盡量減少挫敗，以免他們的自尊心受損⋯⋯總之一切都是為了保護孩子，以免他們身心受創，認為這樣就可以培養出積極樂觀的世界觀。

「自尊心運動」的原意是要讓人有幸福感，但事實證明，這樣沒有實質基礎的幸福感是虛浮的，養成了不堪一擊、心靈脆弱的一代。各式各樣的情緒病、空虛抑鬱導致的自殺個案有增無減，這

樣的教育反而釋放出巨大的破壞力量[26]。很不幸，蕭律柏牧師是這場「自尊心運動」的中堅分子。筆者並非以勝敗論英雄，也不是因蕭律柏牧師的事業以破產收場而抹煞他一生的成就和貢獻。但如果只是盲目的正向，不理會實際情況而只倡導正向思維，這是非常危險的。

我是個可愛的人？

正向思考 (Positive thinking) 是一口兩面刃[27]，可以使人變得更堅強、更有力量去面對生活的難題，使人生更豐盛快樂。但同時亦是遮蔽眼睛的紗布，矇矇矓矓的，只看到光明路而忽略四周那股危險的黑暗，事實上，真實世界也絕非只是一片光明。

加拿大滑鐵盧大學 (University of Waterloo) 的心理學家 Joanne Wood 及 John Lee 做了一個非常有啟發性和有趣的心理實驗[28]，他們邀請了幾十名男女測試者參與。測試者先做自信心測量，然後再請他們寫下心中所有感受及念頭，此時他們每聽到鈴聲，就對自己說一次「我是個可愛的人」(I am a lovely person)，接下來他們要馬上回答一些問題。

26. Seligman 着，洪莉 譯，(2008)《一生受用的快樂技巧，幫助孩子建造心中穩固堅定的樂觀金字塔》，遠流出版，44-48 頁。
27. 陶兆輝、劉遠章， (2017) 《正向教練學 — Positive Coaching 正向心理學的人生技法》明窗出版社，16-19 頁。
　　正向思考 Positive thinking 不是正向心理學 Positive psychology，正向思考已經有一百年歷史，是人身處世的成功方法，通常以成功人士的經驗為主；正向心理學是以科學方法研究如何達到豐盛的人生，兩者是有明顯的分別。
28. Wood, Perunovic and Lee. (2008).*Positive Self-Statements, Power for Some, Peril for Others*. Psychological Science. Volume 20-Number 7., pp 860-866.

分野 Differentiation

顯明差異，練達成長心態

心理學家發現，當原本自信心就很強的人不斷重述「我是可愛的人」這句話，在實驗中平均得分是有所提升的；相反，那些原本自信心就低落的測試者，若不斷重覆「我是可愛的人」這句話，平均得分卻不斷下跌，愈是唸「我是個可愛的人」這句話，得分就愈低。與激勵大師的想法剛剛相反，這實驗發現，不斷重覆那些正面、自我鼓勵的言詞，對自我形象低的人來說，感覺會更糟，自我形象更加插水。

Joanne Wood 的總結是，對於一個自我形象很低、甚至極度自卑的人來說，不斷重覆說出正面的言語時，這是和他們內心的自我差距太大，內心便會出現矛盾，明明心裏覺得自己不是可愛，為什麼嘴巴還要說出這種自己都不信的話？內心會更加反抗，更加強原來「我並不是這麼可愛」的信念，不僅不相信口中所講的話，還會更加深自卑感。

長久以來，不少勵志和個人成長的書籍都告訴大家，自信心低落的人，如果常對自己講加油打氣的話語，例如「我很棒！」、「我很美！」、「你是天才」等等，以為可以藉此造成正面效應，但這麼做時可能是危險的，非但不能扭轉負面觀點，反而更為加深內心的不安，招致反效果。

不恰當的讚美，是危險的詛咒

如果你是為人家長、老師或者上司，你應該如何給予讚賞？

在你的眼中，我的孩子必定是眾人眼中的主角，是活在鎂光燈下的明星，每年學校的畢業舞台表演中，必須擔綱重要的角色，或者要取得獎項，即使只是做出了微不足道的成績，也要給予讚美和獎賞，否則就會損害弱小的心靈，窒礙身心成長發展，是不是？但是，不恰當的讚美是有破壞性的，而且更可能成為成長的詛咒，不但達不到激勵的效果，更會引起焦慮、不安、無力感與及喚起防衛 。

以下幾種不恰當的讚美，是適得其反的效果。

「你好聰明！」

「你真捧！」

「你好乖！」

「你真了不起！」

「你的表現真好！」

這些太抽象含糊又空洞無物的讚美，對方根本不知道自己做了什麼了不起的事，發揮了什麼技能，作出了什麼貢獻及努力，才得到你如此的褒獎。他可能認為自己其實是不需要付出，就可以獲

得讚美；或者，他自覺明天又做了同一件好事，但卻得不到稱讚，他反而會覺得混亂。

正向心理學的始創者 Martin Seligman 警告，那些不論成敗的無條件讚美，可能會造成以下兩種危險的後果：

1. 孩子可能變得消極，因為他意識到無論自己的行為怎樣都會有獎勵，這也是「欲求學習的無助」(Appetitive learned helplessness) 徵狀。

2. 以後當孩子真正成功，而且再得到真正的誠意獎勵時，他們不會體會到成功的滋味，因為他們已經習慣了無條件的所謂正向關懷，使他不能從成功中學習[29]。

因為這種無條件的正向關懷是沒有任何條件的，孩子認識到無論他做了什麼，都可從父母身上得到好處，因而學會被動與消極。而且他們亦很難理解箇中意義，好好享受成功的樂趣。這會削弱孩子的征服感，將來遇到困難就很容易會感到無助及無力。

---

29. Seligman 著，洪莉 譯，(2008)《一生受用的快樂技，幫助孩子建造心中穩固堅定的樂觀金字塔》，遠流出版社，334-335 頁。

口是心非，弄巧成拙

再看看以下的讚賞例子：

「你能回答這問題，真是個好孩子！」

對於自我形象低落的孩子來說，他們會解讀為：「假如不能回答問題，就不是好孩子了！」這會使孩子感到焦慮，不容易再放膽嘗試。

「你把拾回來的錢包交給老師，真是一個非常有誠信的好孩子，我以你為榮！」

當父母讚美他是個誠實的孩子時，他可能會想：「如果給父母知道我有不誠實的前科，我就不是個好孩子，就不會以我為榮！」這反而會使孩子產生恐懼、苦惱和不安，不敢在你們面前露出真本性，甚至以謊話來掩飾自己的缺點。

「你能夠考到這麼好的成績，爸爸媽媽真的以你為榮！」
「為你而感到驕傲！」
「孩子，爸爸媽媽為自己喝采……！」
他們會解讀為：「如果下次考試沒有成功，或者沒有較這次好，所有榮耀就消失了！」

分野 *Differentiation*
顯明差異，練達成長心態

以下的讚賞都是孩子不可控制的，包括：

- 「你真聰明！」
- 「這是上帝的恩賜！」
- 「你真的是個天才！」
- 「你的腿長得那麼長，你真是天生的運動健將！」
- 「你長得漂亮，真的是一個天使。」
- 「孩子，你是世上最特別的。」
- 「你畫的畫太美了，你是下一個畢加索！」
- 「你是一個天才！」
- 「你是世界上最優秀的！」

長得漂亮，腿長得長、是不是世上最特別或聰明的人，都是先天的，是抽象而難以捉摸，這都是不可以控制的，過度強調天賦的特質，很明顯是固化的心態，可能使孩子對挑戰其能力的事不感興趣，而且，不在自己控制之內的事，容易產生無助感。

這種諂媚的讚美，孩子第一次聽到可能會很高興，但高興只會持續很短暫的時間，然而他會立刻察覺自己其實沒那麼好，你只是為了討好他，因而覺得你的態度虛假，對你產生厭惡感，也不再相信你的話語。

其次，他無從判斷到底是什麼行為引起你的讚美，不知道下一次應該怎麼做，才可以得到同樣效果，因此他對自己的行為就更沒信心。況且。這種誇張與及只着重成就的讚美，就像是沉重的緊箍咒，可能連孩子自己都無法相信真偽。一旦表現無法符合父母的期望，孩子將會感到無限的絕望，因而失去自信與熱誠。

對於固化心態的孩子來說，所謂成功就是要展現自己很聰明和厲害，他們要不斷的反覆證明自己，確保自己是成功的，這代表着他們的自尊，為了保護它，不願自暴其短，因此害怕犯錯，會迴避挑戰，自我設限。過度認同因為天生特質而引來的成功，會對可能的失敗感到羞恥，對美貌給予讚美只能得到虛假的自信心，並對日後未再得到同等讚美而感到焦慮。

轉換說法、改變心態

而語言是思想的載體，語言反映心態，修正常用的語言習慣，不就是可以把「固化心態」修正為「成長心態」嗎？

以下是當遇到挫敗挑戰時會常用的反應語句，兩列語句的意思都是一樣，但左面的一組是不能改變的固化心態用語，右面的一組是成長心態語言，如果能夠把固化語言說話，轉化成為較彈性成長心態語言：

固化心態語句	成長心態語句
沒有辦法	很難，但總是有辦法的
一定、絕對	也許
總是、永遠	有時
無辦法 / 無希望	遇到困難
必須要	想要 / 期望要
我失敗 / 我一無是處	我在……的事情上做得不好
所有人 / 全部人都是這樣	某些 / 有些人是這樣
糟透了	失望了
完蛋了	可惜、遺憾
我不好	我這方面表現不好
事情必定是這樣	很多人有這種想法
確實是如此	好像是如此
他必然 / 永遠都是這樣差	到目前為止他是這樣差
我不知道、我不懂	我忽略了什麼嗎？
這對我來說太難了，根本沒法理解	只要我把漏掉的、忽略的找出來，是應該能搞明白
我放棄了	我得嘗試別的方法
我的能力達不到，只有放棄了	此路不通，換個方法就好了
我犯錯誤了	犯錯可能讓我變得更好

固化心態語句	成長心態語句
我做錯了，我很沮喪	雖然這次錯了，但以後我就知道這麼做是行不通的，又學到新事物了
這太難了	我可能需要更多的時間和精力才能完成
這太複雜了，我不可能完成	只要花上足夠的時間和精力，凡事皆有可能
我已經做得非常好了，已經達到我的上限了	也許再努力一些，我的表現就能再提好一點
我不可能像她一樣聰明	她是怎麼做的，我也要試試看
她真聰明，沒辦法了，我就是不如她	只要學習她的方法，然後認真去做，我也可做到
我閱讀能力不好	只是訓練不夠，不如堅持練習一段時間看看
我不擅長這個……	我正在學習這個……
我已盡了力，不能做得更好了	只要不斷嘗試和努力，還可以再提高的
我是一個失敗的人	這件事情我失敗了

讚賞努力，不是讚賞天分

同一原理，父母、老師、老闆的一句讚美，確實是可以使對方樂透一整天，如果讚美是具有堅實的證據，有具體的內容與及認同努力的元素，而非讚美天生的原因時，是確實能夠增加對方的自信、激發自主性、鼓動內在動機、培養控制力、提升實際能力、改善孩子的人際關係。

1. 讚美具體的行為和努力

有效的讚美不單只告訴對方「你做得好！」，而是告訴他們為什麼被讚美。無原因的讚美是危險的，當他們對於讚美所帶來的自豪與欣慰感到愈來愈遲鈍、愈來愈薄弱時，最後就會忽視你的讚美。

- 與其誇獎孩子是世界上最可愛、最棒的，不如說：
  「你能夠主動向叔叔阿姨打招呼、問候，你是有禮貌的孩子，爸爸媽媽都很欣賞。」
- 與其讚賞他聰明、乖巧，不如說：
  「你能夠把玩具收拾得整齊，而且能用很長的時間溫習，爸爸媽媽都看到你的努力，真的做得很好。」
- 與其說孩子是天才，是下一個畢加索，不如說：
  「你能夠用豐富的色彩來繪畫各式各樣的花朵，我很喜歡。」

2. 讚美對方能掌控的部分

應該稱讚對方可以掌控的部分，包括他們的努力、工作過程、具體行為、成果與及對其他人的影響。將讚美的焦點放在締造美好成績的「努力過程」、「認真處理」……讓孩子擺脫「結果一定要贏」的迷思之中，避免孩子爭強好勝或害怕失敗。與其誇獎他是最聰明的孩子，不如說：

「你能夠安排好讀書的時間，懂得輕重緩急，這是很聰明的孩子才做得到的。」

3. Yet 的力量

Carol Dweck 建議對考試不合格的孩子給予一種新的計分方法，就是 Not yet（尚未達到），而不是 fail（不合格），用綠色原子筆圈出未做到的事，而不是用紅色原子筆打一個大交义，表示學生做錯。這是有着非常不同的意義的。教會孩子運用 not yet，他們並不是「不合格」，只是未合格而已，因為賽事仍在進行，都還未到達終點，並無需要立即標籤自己為失敗者，尚有很多進步的空間，學習的大門並沒有被關上，下次是可以有機會做得更好的。而 Not yet 則意味着他們仍然在學習的軌道上，漫漫長路，還有迎頭趕上的機會，還沒有到達終點[30]。

---

30. Dweck Carol (2014) *.The power of yet*. TEDxNorrköping. https://www.youtube.com/watch?v=J-swZaKN2lc.

心態就是我們慣性的信念和想法，而慣性想法會影響我們的慣常用語，我們通過語言，把內心的心態信念表達出來。適時稍作調整，你會慢慢發現，你正在逐漸地調校自己的信念，心態和信念改變了，人生、心態和想法也將逐步調整。

人生必須要有目標嗎？

計程車司機說，在駕駛時最危險的情況是沒有客人的時候，因為漫無目的的時間是最危險的，所以人生要有目標，否則也很危險。

過去數十年，很多成長學的書籍或者激勵課程導師都會引用以下例子：

1950 年代，耶魯大學對畢業生進行大規模的追蹤研究，問學生在生活中會否定下目標，答案是只有 3％ 的同學說有，其餘 97％ 都是沒有的。追蹤發現，20 年之後，這 3％ 學生的成就遠較無目標的同學卓越得多，收入平均高出 97％。哇！驚人吧！這個理論是經常在一些勵志講座和個人成長的暢銷書中出現，「人生要有目標」、「為你的目標奮鬥！」、「有目標才會贏！」……這些擲地有聲的口號肯定曾經感動過你，

對嗎？有目標的人成就非凡，所以你必須要定下目標，目標、目標、目標！彷彿這就是通往成功黃金大道的通行證。

後來這實驗被拆穿了原來一個謊言，研究員 Lawrence Tabak 在耶魯大學的文獻中，完全找不到相關的研究資料[31]，這實驗是如何做？是誰人做的？研究樣本有多少……？遍尋不獲，他有理由相信，這個研究是虛構的，可能從未發生過，也可能是一些勵志書作者或激勵導師，在一些個人成長課程中人云亦云地散播出來的。

我們自小被教育，設定目標是很重要的。但人生真的需要訂立目標嗎？撫心自問，你一生中曾經痛定思痛，定下千千萬萬個目標，到底最終有多少是沒有實現，甚至未開始已經放棄的？

對於固化心態的人來說，要堅持不放棄是很辛苦的事，而且目標必定會為你帶來壓力，因為在設定了目標之後，他們內心的計算是這目標是很大機會達不到的，目標往往意味着將原來的習慣改變，改變習慣也是相當痛苦的事，壓力由開始改變那一刻就應運而生，愈是接近目標限期，壓力就愈大，視野愈收窄，心態愈固化，這是惡性的循環。結果大多數人最終都放棄，但放棄的感覺可能更是痛苦的，既然如此，何不從一開始就直接放棄設定目標，反而來得更灑脫！

31. Tabak Lawrence, (1996) If Your Goal is Success, Don't Consult these Gurus. https://www.fastcompany.com

分野 Differentiation
顯明差異，練達成長心態

歷史上不少成功人士，不一定有設定目標的習慣，有沒有清晰的目標，並不一定是成功的條件。現在，我們告訴你一個重要的秘密，他們之所以成功，是因為他們知道自己想要什麼，但卻不是像那些教導管理的書中所指的要 **Smart 目標**那樣，既精確，又必須在指定時間內達成，很多時候，要達成 Smart 目標是會讓人喘不過氣的。

幾乎所有勵志成長書籍和課程都教人如何訂立 Smart 目標。Smart 目標是指特定的（即什麼）、可衡量的（即什麼）、可實現的（即如何）、現實的（即如何）和定時的（即何時）目標。清楚地讓你自己和身邊的人知道，你想要達成什麼。

但是人生那麼長，需要做的事情那麼多，世界是那麼複雜，變化又來得那麼快，如果做每一件事都需要訂出如此具體清晰的 Smart goal，是多麼的疲累！那人生到底要不要訂立目標？成功的定義是你獲得想要的東西，如果你不知道自己最終想要什麼，無論你訂多少個 Smart 目標，也很難得到最終的成功！

讓我們從了解你想要什麼開始，首先你必需要弄清楚以下三個概念的分別：

1. 夢想：是你想要去的地方。
2. 目的：是你要去的目的地，指想要的根本原因，也是意義所在。
3. 目標：是你到達目的地途中的路標。

夢想這東西是很朦朧、抽象、難以形容的，為了實現夢想，你需要繪製一張地圖，把路線畫得清清楚楚，每一條路線都是一個目的，當中要有清晰的路標，讓你知道距離目的地還有多遠。夢想是有很強的推動力，引發向前，它可以是任何的時間框架，短則為一個小時，中期為幾個月或幾年，或長期稱為幾十年甚至終身。夢想可以衍生不同的目的和目標，可以是虛幻，目標卻要精確；夢想是方向，目標是手段。在當今不斷變化的世界中，長期的 Smart 目標可能毫無意義。

如果你清楚知道自己想要什麼，目的地在哪裏，你的 Smart Goals 才有意義。按照自己的夢想、目標、目的前進，目標就悠然而生。你不會浪費一點點時間和精力，訂立一些與你目的不符的 Smart Goals。夢想會如地圖一樣指引着你的方向，目的是為你的工作和生活賦予意義，人生是可以在不同領域裏有不同的目標，當你清楚知道自己真的需要和想要什麼，而又真正渴望得到，那就好像在體內裝置了衛星定位儀一樣，就自然會向着那個方向進發，朝正確的方向前行，效果可能會更好。我們沒有必要用一個目標來為自己添加壓力，目標只是邁向目的地的路標，千萬不要本末倒置，被路標操縱！

新年願望，夢想成真

你有什麼新年大計？減肥、節食、多做運動、用多點時間陪伴家人、要去旅行、生意業績增加多少個巴仙……大概有很多很多的計劃，你可能會把這目標清楚地寫在手機內、貼在廁所的鏡面上，甚至告訴身邊的所有朋友，不時提醒自己，你要達成什麼目標！但有多少個目標是可以真正實現的呢？應該說，有多少個仍然是你正在身體力行地實行當中？

智庫組織 Statistic Brain Research Institute 做了一個有關美國人新年願望大計的研究，發現原來美國人是很喜歡訂立目標的，45% 的美國人經常訂立目標，而且非常認真的做，17% 是偶然會訂立，只有 38% 的人是不會訂立目標。如果按目標令人成功這邏輯推斷，絕大多數美國人應該是很成功的吧？但答案剛好相反，在訂立目標之後，只有 46% 的人能夠堅持至半年以上，最終能達成目標的只有 8%，即是說有 92% 的人最後都選擇放棄或以失敗告終[32]。

一年將盡，是時候反省一下，為過去一年做總結，並為未來一年定下藍圖大計了。且慢！為確保不容易半途而廢，在定下新年大計之前，請問一問自己以下問題：

32. *The Harvard MBA Business School Study on Goal Setting*. (2013) https://www.wanderlustworker.com/the-harvard-mba-business-school-study-on-goal-setting/

1. 我還未達成什麼？

過去一年，可能已完成了不少任務，但有什麼重要的事是還未達成的呢？就算是極細微的事情，卻也可能極需要你的關注。

2. 我需要學到什麼？

從經驗中學習，雖然老生常談，卻一點也沒錯，問問自己，還需要學到些什麼呢？無論是失敗的、或者是成功的事，還需要學習什麼？這是進步的關鍵。

3. 什麼阻礙我？

到底什麼人、什麼事、什麼信念、什麼偏見、什麼習慣、什麼想法……成為我的阻力呢？不要忘記的是，是自己做了什麼或沒做什麼阻礙了目標的達成呢？更不要忘記的是，你有做過什麼去令自己跨越障礙呢？

4. 你忽略了什麼呢？

回顧過去一年，你忽略了什麼呢？這些忽略，為你帶來了什麼不壞的結果呢？明年你會否繼續忽略它們呢？

5. 我達成了什麼？

過去一年，你做了些什麼事，能令自己引以為傲呢？又或完成了什麼重要的任務呢？就算不是十分重大的事情，也可算得上是成就的！

6. 我學到了什麼？

從完成上述成就的過程中，你學到了什麼呢？自己的失敗，或者其他的情境中，又令你學到什麼呢？未必一定是新的學習，就算是再次學到的也值得檢討。

7. 什麼幫助了我？

什麼人、什麼事、什麼知識、什麼習慣、什麼想法，給予我最大的助力又是什麼呢？不要忘記的是，我曾做了什麼幫了自己呢？

8. 未來的焦點是什麼？

回顧過去一年，我聚焦在哪一方面呢？當中又忽略了哪一方面呢？明年我會聚焦在什麼呢？

要夢想成真，絕對不是走上天台高叫「你真捧！」、「我很厲害！」、「我必定做得到！」……而是切切實實的啟動腦袋想一想，「我需要什麼？」、「我想要什麼？」、「我尚欠缺什麼？」、「我需要學習什麼？」、「我需要動動腦筋思考什麼？」、「我該採取什麼策略？」

「固化」心態本身並不是固定不變的，它是可以循「成長」心態方向移動，如果你想鼓勵孩子培養出更多成長心態，你最好是讚

美他們的努力，而非先天的聰明才智。着重先天的特質，可能強化他們的固化心態，使他們更加不敢冒險和面對未來可能的失敗。

坊間不少的激勵學、個人成功學、甚至輔導的書籍……都在教導我們，要正面不要負面、要積極主動、要成功不要失敗、要訂立Smart Goal 不要漫無目的，這些空洞無力未經審慎思考的教誨，只流於口號，更引發出所謂的自尊心運動，往往令人望而生畏，視失敗為災難，因而使人更有無力感，更容易放棄，自尊心更低落，更容易推向「固化」心態的那一端！

「我們渴望做個好人，並從努力的過程中獲得愉悅快樂的感覺。」

亞里斯多德（古希臘哲學家）

第 7 章

分野的藝術 2

21 組破除迷惘的關鍵詞

似是而非的謬誤

史丹福大學是這樣誕生的？

在香港這麼高度競爭的城市，很多人常常掛在嘴邊的說話是「為口奔馳」，每日奔波勞累都只是為了賺錢糊口，這是香港人常說的要「搵食」，很多人總是不停地工作，想盡方法用氣力賺盡金錢，好像永遠都不能滿足似的，但到底要賺到多少，才足夠滿足這所謂「搵食」的要求？

到底這所謂的「搵食」是在滿足你的基本「需要」，還是你的「想要」？「需要」和「想要」這兩個名詞看起來是非常類似，但實際上是不同的概念，前者是滿足生存的必須品，後者則是生存線以上的奢侈品，沒有的話是不會影響生存，太多亦未必令人快樂，很多人把這兩個概念混為一談，到最後都不知道自己到底是在追求什麼。

在互聯網上流傳了以下一個勵志的故事：

有一對老夫婦，女的穿着一套褪色的條紋棉布衣服，男的則穿着布製的便宜西裝，也沒有事先約好就直接前去拜訪哈佛大學校長。校長的秘書在片刻間就斷定這兩個從鄉下來的人

根本不可能與哈佛大學有業務來往。老先生輕聲地對秘書說：「我們要見校長。」秘書禮貌地說：「校長整天都很忙，恐怕沒時間見你們。」女士回答：「沒關係，我們可以等。」

過了數個小時，秘書一直不理睬他們，希望他們知難而退。但他們卻一直在等候。秘書終於決定通知校長：「也許他們跟你講幾句話就會離開。」校長非常不情願地同意了。校長嚴肅而且心不甘情不願地面對這對夫婦。

女士告訴他：「我們有一個兒子曾經在哈佛上過一個學年的課，他很喜歡哈佛，他在這裏生活得很快樂，但是去年，他遇上意外過身了。我丈夫和我想在校園為他留一個紀念物。」校長並沒有被感動，反而覺得很可笑，他不耐煩地說：「夫人，我們不能為每一位曾經讀過哈佛之後死亡的人建立雕像的。如果我們這樣做，我們這裏豈不成了墓園！」

女士解釋說：「不是，我們不是要豎立一座雕像，我們想要捐一棟大樓給哈佛。」校長仔細地打量了一下眼前的條紋棉布衣服及粗布便宜西裝，然後吐一口氣說：「你們知不知道建一棟大樓要花多少錢？我們學校的建築物超過 750 萬美元。」女士沉默不講話了，校長十分高興，因為總算可以把他們打發了。

分野 Differentiation

顯明差異，練達成長心態

這時，只聽見女士轉向她丈夫說：「只要 750 萬就可以建一座大樓，那我們為甚麼不建一座大學去紀念我們的兒子？」就這樣，這對夫婦離開了哈佛，到了加州，成立了一所大學來紀念他們的兒子，這所大學就是後來全球知名的史丹福大學。

這是一個非常感人的故事，在華文互聯網上流傳了一段非常長久的時間，瀏覽的次數眾多，很多人都深受感動，不斷分享互傳，甚至有不少傳媒專欄都有引用。這個故事教訓我們不要以貌取人，不要狗眼看人低，更加告訴我們如果有恆心堅持，不怕被人取笑，不要被人看扁，只要咬緊牙關努力向上打拚，是一定會成就大事業⋯⋯等等的人生哲理。

但是，這個聽起來似乎合情合理而且感人的故事是真有其事嗎？以下是我們對這故事提出了幾個疑點：

1. 史丹福大學是由的利蘭 • 史丹福先生及其夫人 (Mr. & Mrs Leland Standford) 於 1891 年在加州創立的。史丹福先生是前加州州長，而加州是當時美國面積最大而且發展得最快的州分之一，史丹福先生亦是資深的共和黨參議員，是當時一位相當知名的公眾人物，時任哈佛大學校長艾略特 (Charles Eliot) 也是一位德高望重的教育家，在美國國會非常有影響力，多次應邀到國會發言，怎能想像兩位名人是毫不相識，

甚至毫無印象，而史丹福先生亦不會這樣衣衫襤褸的，去面見一位得高望重的大學校長吧？

2.　根據史丹福大學的官方網頁記載，史丹福先生的兒子是死於傷寒，而不是意外事故，去世時只有 15 歲，他這麼年輕是應該不曾在哈佛大學上過一個學年的課吧！史丹福先生是在兒子死後一星期，便作出興建一所大學來記念兒子的決定，所以沒有可能在這一星期之內就拜會哈佛大學校長，以及提出作巨額捐款的要求。

3.　根據官方網頁記載，創立史丹福大學的目的，是為了達成史丹福先生的一個心願，就是希望把「*加利福尼亞州的孩子變成我們的孩子*」(the children of California shall be our children.)。他希望為加利福尼亞州的年輕人提供良好的大學教育，當時美國較有質素的大學，幾乎全都是集中在東岸，而加州是位處西海岸，如果他們主動捐巨款給一所東岸的大學，似乎不合符他們這心願。

4.　同樣是根據富之網頁記據史丹福先生在籌建史丹福大學的過程中，確實是曾經到過哈佛大學，諮詢校長關於在大學內成立博物館、技術學院和關於建校的經費等的意見，並非要求校方為他們的兒子的名字命名。

5. 當時哈佛大學的艾略特校長是一位睿智、有教養而又有高尚品德的學者，在教育界的地位德高望重、舉足輕重，沒有道理，也無需要對一位陌生的訪客做出如此粗魯無禮的對待！這是不合邏輯的。

所以，有理由相信，這個窮富翁向大學捐錢的故事是虛構的，要拆穿這個虛構故事的方法非常簡單，只須瀏覽史丹福大學的官方網頁，或者參考兩所大學相關的歷史書籍，就可以一目瞭然，謊話無所遁形。但這故事為什麼可以如此火紅，信以為真的人可真的不少？因為不少人都是不用心思考，正如哈佛大學心理學家 Ellen Langer 所形容，絕大部分人都是不用心思考 (Mindless) 的。人們往往被「差不多先生」的陋習所困惑，凡事敷衍苟且，即使是顯淺易明、簡單的問題，也無法辨識真偽，輕則人云亦云，重則引致思考混沌無法解困。

分野，是用心去面對問題，對於微小的變化你會更敏銳，明辨事物之間的微妙分別，懂得分野，就能看見問題核心，跳出固化心態的思想困境，用心面對問題的方法很簡單，就是 (1) 認識它 (name it)、(2) 印證它 (prove it) 和 (3) 轉化它 (transform it)。

這個如此黑白分明，清楚不過的故事，也引來如此多的誤解，更何況是日常生活中，複雜的人際關係及抽象的概念？

21 組破除恐懼的關鍵詞

以下是 21 組讓人容易混淆的概念，當你弄清楚了它，並印記了它轉化它時，你的人生一定可以減少許多不必要的恐懼和煩惱。這可能是你一生中最重要的詞彙，你能夠逐一作出清晰的分野嗎？

1. 需要 / 想要 / 重要 / 應該要

「需要」：是你賴以生存，少了它就不能存活的東西，例如：陽光、空氣、溫飽的食物、禦寒的衣服、能對抗風雨的房子、基本的交通工具、基本功能的電腦、能和外間保持基本溝通的電話等。當需要被滿足了以後，由此渴望而產生的快感會遞減，當「需要」到了一定的水平，它不會為你帶來快樂，吃飽了之後不斷想再吃，你得到的不單不是快樂，更可能是痛苦。

「想要」：是在能夠維持基本生存之後所衍生出來的慾望，例如：希望可以擁有一部性能強勁高速的新型電腦以追上潮流；吃一頓浪漫豐富的自助晚餐；擁有一幢臨海的豪宅等。「想要」的快感和慾望隨着你擁有的而愈來愈多，刺激你追求更多，「想要」可以成為你更上一層樓的動力，但當「想要」的東西無止境的膨漲，滿足不了你失控的苛求時，便容易產生固化思維。

「重要」：是你的價值、道德觀上的抉擇，是生命中形而上的東西，例如：有人可以為追求自由民主的理念，而放棄名利甚至生命，與極權抗爭；有人會為了追求藝術的真義而放棄穩定的工作、或者舒適的生活⋯⋯「重要」是使人成為「人」的要素。

「應該要」：「需要」、「想要」、「重要」這三個概念，原則上都是自己內在的要求，而「應該要」很多時都是源自外在的、世俗的、或者是別人的要求，例如：「作為男人應該要堅強，哭是軟弱的表現！」、「三十歲的人應該要買房子，成家立室！」這種「應該」往往只是滿足別人的期望，別人的眼光，而且成功與否，很多時候不為自己所控制，這往往會形成固化的心態。

問一問自己：「到底你現在追求的，是你的需要、想要、重要、還是應該要的？」

2. 對 / 正確

「對」：是符合規則、程序的事情，英文是 Do the thing right 做「對」了那件事，這些規則不論是源自社會的、法律上的、企業的、自己的或是大眾的，只要做「對」了程序，事情就會變得順利，減少出錯，但做「對」的事並不一定等於得到想得到的結果，因為程序上做「對」並不等於是「正確」的事。

「正確」：是符合事實的，能夠達成結果的事，英文是 do the right thing，做得正確，便會得到想要的成果。

固化心態的人往往只重視做「對」那件事，而忽略了事情是否做得正確，甚至會把簡單的事情複雜化，以符合程序的要求，以證明自己的能力和才華。成長心態的人會傾向做「正確」的事，因為他較重視思考，知道自己想要什麼成果。

「對」與「正確」並非對立的，做「正確」的事情時，也必須要做得「對」才得到應有的效果，不是魚與熊掌的選擇，重點是是否知道自己真正想要的是什麼。

3. 爭論 / 辯論 / 討論 / 爭執

「爭論」(Argument)：在於與對方一起找出真實的論據來推理結論，建立論證，發現真相。爭論的意境就在這裏，因為大家也不認為對方的結論是真相，所以都在不斷尋求更多更有論證的論據，在這過程中，大家不斷發現更多，有時可能要放棄原有的結論，這是一個真正的學習過程。

「辯論」(Debate)：在於以說服的方式來表達你的論證，目的就是要人贊同和接納你的想法，要令人心悅誠服；

「**討論**」(Discussion)：在於取得共識，開展行動，在對方不能贊同接納你的論證的時候，以論證來找出雙方也能接受的方案，達成共識。

「**爭執**」(Quarrel)：在於情緒化的質疑，抵抗，找出對方的毛病，是一場不是你贏就是你輸的零和遊戲。

「爭論」與「爭執」最大的分別，在於你的觀點有沒有原因或論據，有沒有經過理性思考。當聽到不太合意的說話時便立即予以反駁，但反駁的說話可以是完全沒有論點的，所以，大部分爭執的時間是沒有思維可言的。

客觀理性的人能真正做到爭論，但主觀的人只是在找證據證明自己的想法是對，對方就是錯，是以先入為主，感情用事的方式爭辯。當一個人相信自己的結論是真理時，有技巧的人用上「辯論」的方式，令對方心悅誠服；沒技巧的人可能就會演變成「爭執」了。

固化心態的人為了避免與人「爭執」，而不敢向對方提出論據與對方「討論」或者「爭論」，結果是使自己不能有更多的洞察，更加不利於找出事情的真相；他們以為自己的論據就是真理，強加於別人，結果導致毫無建設性的「爭執」。

4. 理性 / 感性 / 情緒

「理性」與「感性」是人類大腦的兩種不同的思維功能，理性的人善於理解 (Reasoning) 和反省 (Reflecting)；感性的人則善於感受、感染。腦神經科學家發現在大腦內，理性和感性功能由大腦皮層不同區域所處理，包括視覺、觸覺、聽覺、感覺等的資訊，大腦皮層是人類高等思維活動的中心。

至於「情緒」則是由負責較初起功能的中腦杏仁體處理，反應更為直接和快速，除了人類之外，其他動物也具有情緒這功能。所以，「理性」、「感性」與及「情緒」是三種不同的思維活動，而感性與情緒更不能混為一談。人們常把「感性」和「情緒」兩者混淆，認為感性的人通常是情緒化和欠缺理性，這是錯誤的，感性也是大腦進行分析思考的重要部分。

這種誤解往往使人不能善用自己的腦筋，使自己的思維能力大打折扣。

5. 可能 / 可行

「可能」：不一定是真的能夠實現的事情，只是有機會而已；

「可行」：必須有可以具體實行的方法。

分野 Differentiation
顯明差異，練達成長心態

一個「可能」的方案是從白日夢開始，但「可能」是無邊無際，天馬行空的意念；而一個「可行」的方案，必須是有具體的構思，與及有實行的方法和步驟，「可行」的局限必定是較大的。要想出更多的「可能」，關鍵在於如何才能擴闊自己的觀察和思想角度，當眼界擴闊了以後，才可以慢慢研究那個「可能」，才可以變成真正的「可行」。

但我們身處快速變化及現實的環境下，很多時候是在開始時已經在問自己「可行」的答案，這等於是先收窄自己的視野，自我設限，結果就是看不到其他的「可能」性，最後使自己動彈不得，這也是固化心態的前奏。

「**可能**」有另一種意義，是未有足夠證據證明它是不可能之前，它仍然是有可能！所以當你說什麼是不可能時，請三思，除非你已找到證據證明它是不可能！否則，這仍然是可能的。「可能」代表有機會，是可以很廣闊的；但「不可能」是狹窄的，要真的看不到機會才可以稱得上是不可能！

「**可行**」，是需要有具體證據支持的，是基於眼前的事實，可行是真的需要證據的，如果是沒法證明，你又怎能相信它真的是可行呢？「可行」是現實世界的東西，在現實世界中要行得通，就要現實世界的證據。

當你問自己：「有什麼可能？」這問題是用來擴闊視野，促進思考，以便發現更多；但當你對自己說：「這方案是可行的。」不妨追問：「有什麼證據證明這是可行？」

6. 放棄／放手

「放棄」：是在事情仍有改變的空間的時候，或者是還未完結的時候，選擇不再付出努力，選擇退出，撒手不做不理。例如當工作遇到困難時，仍未有思考如何面對便辭職，極端的例子是自殺。

「放手」：則是事情已經圓滿結束，你的角色已經完成了或者需要改變了，你要扮演另一個角色，你須選擇「放手」。例如：子女已經成長了，父母要學會放手，不要再如以前一樣呵護備至了；你的事工已經完成，需要放手給你的接班人，他們才可以有成長的機會。你絕不可以代替別人過他們的人生，因為在某些關係上，如果不必要地繼續拖拉下去，就等於肩負了對方應該肩負的責任，這反而是對對方的一種不負責任的行為，在這時候，放手是一種選擇。

如果你要決定對某工作放手，你有必要反問自己：「**在這事情上，還有什麼迴旋的空間？**」以確保自己不是中途「放棄」撒手不理。

7. 重要 / 緊急

「**緊急**」：是截止期限已經迫在眼前的事情，廣東話常說是「水已浸到了眼眉」的事情，如果不處理，可能會造成災難；

「**重要**」：是會長期產生影響，助你達成目標的事情。

許多人幾乎每一刻都在處理緊急的事情，好像是救火隊一樣，不斷處理水深火熱，「水浸眼眉」的事情，使得自己精疲力竭、身心疲累、分身乏術。我們可以把事情分成四個層面：**1.「緊急與重要」；2.「緊急但不重要」；3.「重要但不緊急」；4.「不重要也不緊急」**。

對於「緊急而又重要」的事情，我們必然要全力以赴立刻處理，但事實上，人們往往會被那些「緊急但不重要」的事情壓迫得死去活來。一位好的時間管理者是會把「重要但不緊急」的事先處理好，做好預防的工作，那麼便沒有所謂緊急的事情需要操心了。好讓自己把時間投資在「重要的事」上，是達成目標的先決條件。

8. 反應 / 回應

「反應」：是當某事發生時，不需經過任何思考就作出的行動，只憑藉直覺、自動化的、情緒化的反應，目的是為了能夠存活下去。

「回應」：是經過思考之後作出的行動。

　　「反應」= 刺激 → 行動
　　「回應」= 刺激 → 思考 → 行動

我們作出「反應」時，是因為下意識覺得情況是不在自己可以控制之內。「反應」和「回應」兩者最大的分別，在於放棄對情境的控制，還是要有更多選擇去控制。

「反應」是所有動物的原始本能，也是強而有力的生存動力，這種是「打」還是「走」的天性，守護着我們可以繼續存活下去。當只是「反應」時可以有的選擇是非常有限，通常是「打」或者「走」；但當「回應」時，選擇就多了，我們選擇回答、探索、受理、承認、談判、打或者走……，如果當「打」或者「走」是你面對危機和威脅時的主要行動，你就可能是被原始本能所控制！

固化心態的人認為世界是不會變的，用腦思考也解決不了問題，所以多以「反應」來應對突變；而成長心態的人則習慣動腦筋解決，是以「回應」來解決難題。

固化心態的人常處於焦慮不安的狀態，當焦慮不安時腦袋會停止思考，直接快速地作出逃跑或攻擊的反應。請想一想，當遇上突如其來的事件或者轉變時，你是作出「反應」還是「回應」？

9. 面對 / 逃避：

「逃避」：當面對危險的時候，逃避是人類與生俱來的本能，是維護生存的基本防禦機制，如果不懂逃避，人類早就已經滅亡了。

「面對」：趨向、爭取、克服的意思，面對也是人類與生俱來的另一種本能。面對是需要具備勇氣，而勇氣是來自每個人對自己的信心。面對就是不再逃避，嘗試不同的方法解決，迎接不想面對的事情，期望最終將問題解決。

「面對」是促成行動，是達致成功的基本要素，在這個以成功為主要導向的社會，勇於面對問題，克服困難往往會被譽為是一種性格上的美德；相反，在很多人眼中，「逃避」是種懦弱的表現，

絕對不是一件光彩的事情，但當在真正危險的情況之下，或感到恐懼焦慮的時候，選擇逃避可以暫時停下來，讓自己有緩衝的空間，不要把自己逼得太緊，也不失為有效的生存策略。

到底是面對或者逃避，其實是沒有絕對的好壞對錯，問題是，如果分不清什麼事需要面對，什麼事必須逃避，而更加不幸的是，當需要面對的時候，他選擇了逃避，但應該逃避時卻選擇了面對，這是把人生弄得一事無成的基本原因。

逃避並非問題，而面對也不一定是逃避的相反，兩者都是人類天生的生存策略，誠然是可以互相補足。

10. 主觀 / 客觀

「**主觀**」(**Subjective**)：是指把觀察對象，連結到自己的觀點和思維內，即站在自己角度，對該觀察對象的認知、分析和理解，而不是把它當作一個獨立個體來看待。

「**客觀**」(**Objective**)：意即把觀察對象當作物體（Object）來看，獨立於思維及觀察者之外，真正的客觀，是抽離於外，以較宏觀，即英語 Meta 的角度和視野來分析。

我們差不多全部時間也都主觀，試問誰人能真正的把對人和事物的想法，與人和事物本身分開呢？主觀帶來的問題，我想無需在此多述（這也是筆者一個主觀的想法），而要做到客觀，就必須找出證據，去支持對某人和事物觀察的結論了，為什麼呢？證據，並非另一個想法，而是一件存在於現實世界的物體(Object)，一個想法如果是由另一個想法來證明的，那肯定是主觀了，因為想法本身就是主觀的結果；但如果能有證據，那就證明了觀察者觀察的對象是物體，那就開始了客觀的觀察了。

11. 很難 / 不能

「很難」(Difficult) 是遇到障礙以致暫時無法向前，這是一件困難的事；

「不能」(Impossible)，是指障礙是沒有辦法解決，是你無能為力的。

而困難的事情不等於不能解決！「能」與「不能」解決，視乎你有沒有方法去處理，如果一個人把難題定性為「不能」解決，認為你無論如何努力也是徒勞無功的，那就不如早早放棄好了。當遇到困難的事，這並不是絕路，總有方法解決，但當遇上不能解決的事時，就是代表距離絕路不遠。太多人把這兩個概念混淆了，總是覺得凡事都是「不能」，於是很快便決定放棄好了！

固化心態的人會視眼前的問題「很難」，是「不能」解決的，所以選擇逃避或放棄；成長心態的人覺得眼前的問題雖然是「很難」，但不是「不能」解決，所以不會放棄。

12. 痛苦 / 受苦

「痛苦」(Pain)：你在眾人面前不小心跌了一跤，你受了傷，你感覺到強烈的痛楚，這個身體上物理上的感受可稱之為痛苦。

「受苦」(Suffer)：在眾人面前跌倒的事件上，痛楚的感覺隨時間的過去已經沒有了，但它卻以不同的心理形式繼續下去，你覺得在眾目睽睽之下跌倒是一件很失禮的事，你覺得別人在你最需要扶持的時候對你置之不理，被人嘲笑的滋味絕不好受，你覺得羞辱，你覺得自己很可憐，你覺得……這一連串不愉快的感覺仍然揮之不去，你感到受苦。

痛苦與受苦兩者都可以是身體及物理上的，也可以是精神上的，但它們最大的分別在於是否不斷持續和延伸，痛苦的感覺是外來的，受苦則是自找的，持續的痛苦就是受苦，受苦可以持續多久？有的可以是一天，或者一星期，一年，甚至是終身……。

固化心態的人認為問題的出現是自己無法控制的，雖然短暫的痛楚感覺消散了，但停留在心中的「受苦」感覺依然揮之不去。

13. 難題 / 挑戰

「**難題**」(Problem)：當有一件困難的事件發生了，解決了以後，事情會回復正常，不會變壞，不過也不一定會變得更好。

「**挑戰**」(Challenge)：當困難的事情解決了以後，事情會變得更好，挑戰是難得的契機，是學習的機會。

兩者的分別在於心態，關鍵在於在處理問題的過程中你能學到什麼？學不到的是「難題」，以後不斷出現的是「挑戰」，難題即使再次出現，但你已懂得如何面對，你會得到發展和成長的契機。所以你必須要反思「你到底從中學到什麼？」在逆境中，冷酷無情的不幸確實是帶來了無可彌補的損失，但悲劇的背後，卻潛藏着偉大的治療力量，帶引出改變。每一次挫折失敗，都是一種自我超越的過程，幫助打破過往曾經一成不變的真理框架，終結了幼稚和不成熟，每一次挫敗都能磨練人的意志，考驗人的耐性和能力，這都是對人生的「挑戰」。

在西洋諺語中，亦有說：「**不幸的事情總會不斷重演，直至有所領悟為止。**」(A lesson is repeated until learned.) 很多人總是慨歎為什麼惡運接踵而至，難題又揮之不去？答案可能就是因為你仍未能從中學習到什麼！

14. 改進 / 發展

改進 (Improvement)：是指在原有限制下變得更好、更快、更方便和便宜。

發展 (Development)：是指一種跨越限制的進步，發展的另一個階段發展外一個名詞是突破，在超越限制而上升。

每當人們發現一些關於自己的新情況、新問題、新目標、新的解決辦法時，他們就會改進，直到發現自己的現狀已經到達調整極限的時候，就不能再繼續發展了。

當人們在受限制範圍內活動時，是很難去超越限制的事物的，限制所束縛的不是一個人的行為，而是觀念。

「改進」是有限制的，在限制範圍內成功探索所有事物後，人就會進入固化狀態人就容易產生種種的不安，中年危機就是典型的例子。

相反「發展」則是沒有限制的，能夠不斷發展的關鍵，是讓認清自己的情況，當一個人了解了那些他未知的事情時，他就有所發展了。

15. 堅持 / 固執

堅持： 理解原因之後的堅持，就是堅定。

固執： 不知原因仍堅持，就是固執。

堅持而不固執的人會因應環境的改變而修改風格，甚至有的可以說得上是百變的，但卻絕不影響他們邁向目標、成就大業的決心。

- 愛迪生為了要發明電燈泡，進行了 9,000 多次的實驗，為了發明蓄電池，曾經歷過 5 萬多次失敗，最後才能成功。但他絕不只執着於一項發明，他有興趣的項目真是闊大無比，他和他的研究團隊總共註冊了 1,093 項發明專利，幾乎涉及所有生活範疇，至今仍未有人打破這記錄。

- 達爾文在 22 歲時以博物學家的身分，乘坐皇家軍艦，用了五年多的時間遊歷世界的荒蕪之地，觀察生物演化過程，然後廢寢忘食地研究，於 50 歲之年完成了 1,000 多頁離經判道的學術鉅著《物種起源》，震驚世界，自從他發表那本《物種起源》之後，受盡各方面的嘲弄、責罵和攻擊，但他仍然堅持下去，之後，他更寫了 119 篇相關的學術論文和著作，為進化論奠下深厚基礎。

16. 簡單 / 簡化

「**簡單**」是一種生活態度，平庸的人總愛把簡單的事情複雜化，卓越的人則剛剛相反，他們致力把複雜的事情簡單化。歷史上的絕世奇才無不把「簡單」當成他們生命的基本法則，牛頓的第二定律：$F = ma$，量子論 $E = hv$；愛恩斯坦的質能公式 $E = mc$，這全都看上去簡單得使人吃驚吧！科學的最高境界，就是以最簡單的公式，呈現最複雜的世界法則，出色的科學家絕不會把複雜的現象簡單化，即不會把應該呈現和看到的事物隱藏甚至刪除。簡單就是美，因為世界的運作本來就是很簡單的。

「**簡化**」是把不必要的步驟、程序、部件、部門合併或者刪減，以求瘦身減磅，對於政府與及企業而言，這是減少成本，增加效益的重要步驟，但「簡化」是流程操作的程序，並不是對生活的態度。「簡化」必須要經過深思慎密的思考分析才可進行，否則，錯把必須的部件刪除，這是非常危險的。

試想，飛機是一部非常複雜的飛行機器，每一個部件都環環相扣，即使只是欠缺其中細微部件，都足以引發大災難，如果在未經過精密的思考而將其中一部分刪去，其危險可想而知。金融風暴期間，不少企業自以為「簡化」流程，胡亂將部門削減或者外判，以為可以節省成本渡過難關，誰知這卻是加快企業倒閉的最後一根稻草。

生活可以「簡單」，但不能隨便「簡化」。

17. 聰明 / 愚笨

世上有很多聰明人，他們智商分數一般較高，分析能力較好，世上也有不少愚笨的人，這種的分野並不是歧視，因為聰明與否是可以用客觀的測試方法來辨別的。所謂愚笨的人，往往是想不到解決問題的方法，又或者是想得不夠仔細全面，分析能力較差，缺乏邏輯思考，結果常常因此吃虧，他們不太習慣去改進自己的思維，因為他們根本意識不到原來是自己的思維出了問題。這種所謂愚笨的人，主要是靠直覺方式思考，往往欠缺理性，這種只信賴直覺的思維方法，就是廣東人口中的所謂「斷估」。

聰明的人是善用理性分析，相對慎密，思維合乎邏輯，比對吻合現實，當然出錯的機會比較少；但邏輯分析是非常耗時的，所以很多明智的人，思考反應比較慢，卻未必夠機警，即廣東人口中的所謂「醒目」。

什麼是機警？機警是思考時快速而且明智，快速的邏輯分析能力，在於邏輯地應用直覺！邏輯地直覺，這看起上來是矛盾的，世上很多絕頂聰明的人都是「邏輯地直覺」的高手，愛因斯坦、牛頓、喬布斯等科學家、發明家，都是被譽為很擅長運用直覺來思考！

直覺的英文是 Intuition，來自拉丁文 Intuire，是向內部看的意思，思想和認識自己的內部世界；根據偉斯特字典的解釋，直覺是一種快速而又無須刻意專注和理解，就能感受到真理和知識的認知能力，而且都是很自覺地得到的。

如何既理性又憑直覺地思考呢？問題是出自「內在」，如果沒有方法把「內在」的知識抽取出來的話，不管你有多博學，或是如何理性，也是徒然的。因此，能否善用直覺，重點在於你如何把「內在」的知識抽取出來，運用其竅門，能夠把內在寶庫隨心打開，找到源源不絕的意念，能夠靈活應用「明智」與「愚笨」的特質，理性與直覺互相輝映，可以說是一個真正有智慧的人了。

18. 無聊 / 沉悶

很多人剛開始做一件事時可能滿懷好奇，但當幹了一段時間之後，新鮮感漸減，覺得只是重覆又重覆，不久之後便大喊「**無聊**」，隨即萌生了放棄的念頭。

世事真奇怪，如果這是一件真的很無聊的事，根本就不應開始去做，為何會是開始了以後才會發現它是無聊呢？他們會說：「這件事那麼沉悶，當然無聊呀！」但「**沉悶**」與「**無聊**」這兩個概念，不盡相同的啊！

「沉悶」者，是指不新鮮、不夠刺激的事；「無聊」卻是指沒有意義的事，但世上很多沒有意義的事卻是可以十分刺激的；相反，很多十分有意義的工作，卻是相當沉悶，例如考古工作、科學實驗等，這些工作通常都是不甚刺激的，所以兩者不可以混為一談！否則的話，你會對很多本來有意義的工作望而卻步。

舉例來說，某客人在餐廳無理取鬧，更投訴侍應的服務不好，並匿名在社交網站「唱衰」這家餐廳，這絕對是無聊而且沒有意義的舉動，但在投訴的過程中，他可能覺得非常有趣，絕不沉悶。

如果錯把「沉悶」的事當作「無聊」，結果有意義的事當然沒有辦妥，那麼這樣的人生就真的無聊極了！

19. 事實 / 真相

「事實」(Fact) 與 **「真相」**(Truth)，是兩個不相同的概念，但不少人把它們混為一談。舉例來說，有人說自己親眼看到、親耳聽到的事，絕對是「事實」，千真萬確，還不是事件的全部？所以，他堅稱自己已經知道「真相」。但事實上，每個人所見到、聽到、觸摸到的，都只是從自己的角度看到的「事實」，這只是「真相」的一部分。

兩者有何分別？「事實」是自己能夠觀察的事物，每一個人都可能觀察到自己的「事實」，用不同的角度，可以看到完全不同的事物；而「真相」是事件的全部，到底真正發生了什麼事？

20 年前，一齣荷李活電影《聖戰奇兵》，主角夏里遜福飾演考古學教授，他有一段對白實在來得傳神，他說：「**考古學是尋找事實，而非真相；如果你有興趣知道真相，讀哲學好了。**」

歷史上不少的悲劇，是由於當事人或決策者以為自己已經掌握了「事實」的全部，滿懷信心地作出錯誤的決定，因而走上了全軍覆沒的道路，引致身敗名裂、生靈塗炭的結局！

20. 常識 / 常理

我們通常把英文 Common Sense 譯作「**常識**」，美國哲學家譚馬士 • 潘恩 (Thomas Paine) 於 18 世紀撰寫的鉅著 *Common Sense*，中文譯本是《常識》，此書被譽為是美國歷史上具有最大影響力的 20 本書籍之榜首。不過，筆者大膽推斷，把 Common Sense 譯作「常識」是有欠妥當的。

什麼是「常識」呢？「常」是指普遍，而「識」是知識之意，例如，1 英呎等於 12 英吋、太陽由東方昇起、大象比獅子體積大、

水在攝氏 100 度會沸騰⋯⋯等等，它們都是普遍的知識。但它們跟 Common Sense 中的 Sense 是有差異的，Sense 是指「理據」，翻查牛津字典，其對 Common Sense 的定義是「Good sense and sound judgement in practical matters 在實際事務中的合理判斷」，所以，Sense 必是「合理」的意思，如果你罵人沒有 Sense，即是說別人不合理。

因此，真正的 Common Sense 應該不是「常識」，而是**「常理」**！潘恩的 *Common Sense* 一書中談論的不是任何知識，而是推理！我們現在說的所謂「常識」，應該是 Common Knowledge，不是 Common Sense 吧！所以把 Common Sense 譯作「常識」是誤譯的。多年來我們中文科所學到的「常識」，根本不是真正的 Common Sense，只是通過常理所引證的知識（Common Knowledge）而已。

在一個隨時可以用手機就查到海量資訊、閱讀大量知識的年代，「常識」已經不是什麼珍貴的東西。反而，當網絡溝通愈頻繁，資料愈多，常理愈貧乏，我們最需要的再不是 Common Knowledge，而是 Common Sense。

只要能夠看清和看闊一點，絕大部分人都認為是正確的概念，未必一定是沒有錯的！

21. 快樂 / 幸福

這是本書最後一對關鍵詞，也許是對你最重要但又最容易被混淆的，就是「**快樂**」和「**幸福**」。兩者看起來是沒有分別的，而且你的人生不是在追求幸福和快樂的嗎？到底何來分別呢？

根據《説文解字》的解釋，「幸，吉也，善也，免凶也。」，而在《禮記》中亦指出，「福，百順，無所不順者之謂也。」所以中文「幸福」是指萬事吉順之意，是指長久的快樂，這與英文 Well-Being 的意思完全吻合，所以幸福的意義是遠高於快樂的，因為快樂只是一時之間的感受而已，人終極尋求的應是幸福，因為它超越了快樂。

「快樂」是一種感覺，是感性的、短暫的；「幸福」卻是靈性的、持久的。

「快樂」譯作英文是 Happiness，但「幸福」又常被誤譯為 Happiness，這是錯誤的翻譯。「幸福」的真正譯法應該是 Well-Being，無獨有偶，Well 的意思是一切安好和順利，Well 也是指水井；Being，是存在的意思。Well-Being 「幸福」，意指源源不絕、深層安好順利的存在，是長久雋永的。

你的終極人生在尋求的應該是「幸福」，而非短暫的「快樂」。不幸地，如果你每天都沉迷於追逐吃喝玩樂的快感，但內心卻是空洞無物，這並不是真正的幸福。如果你連自己的目的地都弄錯了，用錯了地圖，去錯了方向，當然路途崎嶇，方向錯亂，途中恐懼、焦慮、害怕、不安……種種負面的情緒是在所難免，它們會自動湧至，不請自來，使你受盡困擾！

分清界線、化繁為簡的人生

你可能幸運地擁有與生俱來的優秀特質，但如不經雕琢，還是未能展現你的光芒。所謂雕琢就是有意識地運用思考和學習，把腦內雜亂無章的檔案分開、鑒別和辨識，理清不必要的雜質，避免不必要的困擾。

難題的出現，通常都是因為對事情概括化，概念混淆不清，以致無法對焦，就好像拍照時，無法準確對焦，拍出來的影像，自然是模糊不清。能精確地思考，弄清「**這是什麼問題？**」，「**這是不是問題？**」，當弄清楚之後，才能精確地解決問題，能夠精確對焦，不為不必要的事情煩惱，這是成長的必要條例，所以在處理問題之前，請清空一下自己的腦袋，問一問：「**這是什麼？……那又如何？**」。

暢銷書 *Loving What Is: Four Questions That Can Change Your Life.* 作者 Byron Katie 強調：「世界上只有三種事：我的事、他的事、還有神的事（或不能知的事）。」這句說話的中心思想，是只要分辨清楚這三件事，很多難題都可以迎刃而解。「神的事」我管不了，所以只需要管到底這是「我的事」還是「你的事」？我要為「我的事」負責，「你的事」就是你的責任，弄清楚什麼是我的本份和責任，什麼是你的，如果能夠把這麼複雜混亂的東西分門別類，世界就頓然清楚簡單，難題也變得清楚簡單得多。

「世間充斥着苦難，痛苦如影隨形，如果那些無窮無盡的悲苦困窘是沒有意義、純屬偶然的話，這種想法未免太荒謬了。」

叔本華（德國哲學家）

第 8 章

改變心態——
從固化到成長的 12 種方法

永遠都是為時未晚

如果你以為自己已進入花甲之年，預備過着與時代脫節的落伍沉悶生活，以下這對夫婦的日常寫照可能會令你改觀：

日本有一對 60 多歲的夫婦 Bon 和 Pon（他們彼此對對方的暱稱）不時穿上時尚型格的情侶裝，並把照片放在 IG 放閃，因為他們品味獨特，時尚風趣，加上兩人一頭招牌的白髮，引來網民超讚，人氣爆燈。有出版社為他們出書，教人時尚穿衣之道，有時裝品牌請他們做品牌代言人，他們不但過着美麗燦爛的退休生活，還賺取了比之前更豐厚的收入。

很多人可能相信人生到了古稀之齡，是不應該冒太大的風險去再闖高峰，但持成長心態的人，往往會視不斷挑戰人生高峰為動力，為生命寫上豐富的意義。

如果你已步入中年，自覺已經到了人生的樽頸，要揹起家庭上下老幼的生計擔子，家中那叛逆孩子每天頂撞，夫妻關係淡如清水，自己又開始頭髮稀疏，身材走樣，身心俱疲，事業前路一片灰暗，壓力達到頂點，你很不快樂，以下一則新聞可能會為你解憂：

英國《經濟學人》雜誌 (The Economist) 在 2010 年發表了一篇題為 The U-Bend of Life 的文章[33]，原來人生的快樂程度是一

---

33. The Economist. (Dec 16 2010) "The U-Bend of life: Why, beyond middle-age, people get happier as they get older." http://www.carlospitta.com/Courses/Macro%20I%20Uach/Age%20and%20happiness%20(Economist,%20December%202010).pdf

條呈現 U 型的曲線，你猜對一般人來說，最不快樂的是哪一個年紀？原來是 46 歲。那時我們將跌下人生快樂的低谷。自出生到青少年到成年，快樂指數都是一路向下滑，直到 46 歲左右就到了低谷，之後又逐漸攀升，到了大約 80 歲左右，快樂感受甚至超越 18 歲的青年。

這種快樂 U 型曲線是不難理解的，年輕人是花樣歲月，肩負的責任少，距離死亡又很遠；老年人野心變小，目標比較實際，失敗的機會也相對少，也就比較快樂。但這研究告訴你一個更大的天機：正如相士會告誡你：「人有三衰六旺，月有陰晴圓缺，你現在流年不利，諸事不如意，但千萬不用灰心，只要你沉着應戰，步步為營，萬事不宜強行，再過幾年就會轉運，到時定必逢凶化吉，風平浪靜，事事如意……！」原來惡運不會永恆，生命不是固定不變，而是不斷流動的。

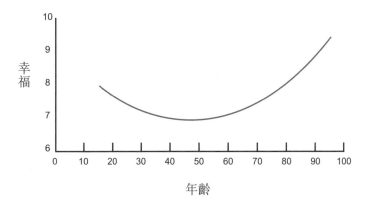

日本時尚夫婦和快樂 U 型曲線理論都在告訴你，世事無絕對，永遠都不會嫌遲。人生並非固定不變的，固化心態認為聰明才智、甚至命運都是不會變的，這種想法很容易把自己逼進死胡同，無法伸展，動彈不得；但真實世界不是這樣的，真實的人生是流動多變不斷成長的，當災難過去了，必會有天朗氣清的一天，是不是？成長心態似乎更加接近真實的世界。

既然心態是可以改變的，如何將固化心態轉化為成長心態，以下 12 個方法希望可以幫助到你。

方法 1.

停止抱怨──不再是受害者

「悲傷是我們為愛所付出的代價。」 英女皇伊利莎白二世

許多人的行為是在不知不覺間使自己成為受害者，這種行為是抱怨，抱怨生活的煎熬，抱怨給別人負累，抱怨世界對自己不公平，自困在被害的苦難之中，那當然是動彈不得，感到悲傷絕望，固化的思維和心態悠然而生。但你是否在濫用自己的悲傷，認為整個世界都在傷害自己？受害者的心態否認自己有責任。如果不停的抱怨，繼續接受這種受害者的心態，將永遠被囚在困局之中，無法脫身。

人總是失敗很多次才會成功，所以仍未成功絕對不等於就是一輩子的失敗者。什麼時候覺得自己是失敗者呢？直到你開始埋怨自己、抱怨別人的時候，直到你把責任歸咎他人、歸咎社會的時候，直到你視自己成為最悲慘的受害者，埋怨、歸咎他人就等於對自己說：「我已經找到失敗的原因，責任不在我，我無能為力！」等於找到了不再前進的理由，他就因此變成了不折不扣的失敗者。

如何擺脫受害者的心態？秘訣是到底你如何選擇。你可以選擇成為或不成為受害者，當你拒絕再受害時，改變才正式開始。以下是「我不再是受害者」並開始過自己人生的五個步驟。

1. 立即採取行動！停止抱怨並開始進行要做的事。

2. 不要因為你的任何不幸的遭遇而把責任推在他人身上，只要你願意承認並肩負自己的責任，你才可以燃起內心的動力去解決問題。

3. 為自己發聲，沒人能代表你，如果你不說話，你就等於放棄自己的權利。

4. 原諒那些「傷害」過你的人，無論發生什麼事，都是已經過去了，如果你不原諒他們，你是把自己放在過去。如果你仍然留在過去，這是沒有前途的，對解決問題毫無幫助。

5. 做你應該做的事，沒人能阻止你做你想做的、應該做的事。只有你才可以對自己的結果負責。如果你不做你想做的事，你會後悔的。

分野 Differentiation
顯明差異，練達成長心態

當你被困在囚牢之中，是不容易找到解困之道的，被難題所困而動彈不得，主要原因是這事件是涉及你自己。想像一下，如果你不再是囚牢內的人，抽離把事情當成不是自己的，用第三者的角色，從一個更抽超然的角度看問題，定當有一番新的體會。停止抱怨，你才可以抽離地看清楚整件事情，才能想到導致事件發生的起因。抽離，更能促進及追溯起因，看到全局，解難自然事半功倍。

埋怨、怨恨、歸咎他人的傳播速度是極快的，而且，會像病毒一樣，會把健康的心態一一打倒。一堆埋怨的人走在一起，很快會變得怨氣沖天，如果你置身其中，你的世界也會漸漸變得悲慘黑暗。

「我們因有夢想而偉大。」

Woodrow Wilson (美國前總統)

方法 2.

擁抱挑戰——因為它在那裏

1924 年英國探險家 George Mallory 第三度攀登珠穆朗瑪峰，記者問他為何對探險那麼熱切時，他回答說：「因為它就在那裏（Because it's there.）。」

擁抱挑戰是人類賴以為生的本領，如果不敢接受挑戰，人類早就在洪荒的遠古年代絕種了，我們的祖先在原始森林獵殺，不就是最大的挑戰嗎？牛津大學人類學家 Desmond Morris 認為縱使現代人已經不再需要從事狩獵活動，但因為這種原始狩獵作祟，使人具備了沒完沒了的工作動機。他認為現代人的工作，是將狩獵的行為延續到文明社會中去，是一種原始慾望。

Morris 觀察到，很多人日間幹着沉悶無趣的工作，沒有滿足感嘗不到狩獵的興奮時，便會在工餘時間找尋甚至沉迷在其他活動代替，當中包括賭博、收集物品、旅行等，有的會從事競技運動，如籃球、足球，一班成年人追逐一個球體，就好像獵人追着一隻兔子，將球射入網就好比用長矛或石頭命中目標。大部份工作和競技活動都有不同的錦標和獎賞——金錢、掌聲、獎杯、獎章等，好讓現代獵人能夠得意洋洋地帶回家，這些耀目的戰利品是獵人勝利的象徵。

英國探險家 George Mallory 第三度攀登珠穆朗瑪峰，記者問他為何想要探險時，他回答說：「因為它就在那裏（Because it's there.）。」

分野 Differentiation
顯明差異，練達成長心態

這種找尋刺激、面對挑戰、追求掌聲、渴望得到認同是人類最原始的慾望，也是最具爆炸性的推動力，是無法壓抑的。如果生命缺乏挑戰，等於失去了啟航的動力，生活就變得缺乏意義，所以擁抱挑戰其實是快樂的泉源。

面對挑戰時所釋放出來的力量卻也相當驚人，正向心理學的先驅者心理學家 Mihaly Csikszentmihalyi 建議，要真正的推動自己前進，最佳的定位是挑戰比能力略高一點，在有難度但又可應付的挑戰中，會產生很大的誘因去提升能力，更專注於眼前的任務，更願意學習，把整體的水平提高，這也是激勵上進的最佳方法。

Mihaly 表示，當有目標清晰，難度和挑戰與能力互相交流時，就能夠產生心流 (Flow) 的經驗，人的注意力會開始凝聚，逐漸進入心無雜念的境界，當心流出現的時候，整個人會全情投入，在身心合一、專注的情況下，生命可發揮到極致，會覺得樂趣無窮，有再闖高峰的勇氣和動力。

在面對挑戰的過程中，痛苦、悲傷、失落、挫敗⋯⋯是總會有的，「固化心態」的人面對重大的挑戰時，會出現不同程度的負面反應，包括：無助感、絕望、混亂、焦慮、震驚、憤怒、煩躁、自尊低落、失去自信心、冷漠、退縮。而「成長心態」的人會告訴自己，即使這是非常嚴峻的考驗，但總是會有出路的，他們不會逃避，因為困難帶來成長的機會，之後會站得更加穩固，挑戰是人生必定會經歷的試煉。

方法 3.

超越舒適──跳出安全區

「人應該要選擇一條難如登天的路走。」維根斯坦（英國哲學家）

舒適區是你覺得做起事來完全自在的活動區，是你覺得安全自在的區域，沒有焦慮、恐懼和壓力的地方，安於舒適區的壞處，便是容易讓自己停滯不前而不自知，尤其當你所學已經足以應付工作上的事情時，怠惰的天性就會容易讓我們停止學習，不再前進這是固化心態的溫牀。要了解自己的舒適區，英國心理治療師 Philippa Perry 提供了以下一個不錯的練習[34]，大家不妨一起進行：

步驟 1：拿一張大白紙，在中間畫一個圓圈，在圓圈的中心寫下讓你毫不費力就能夠完全自在地做得到的工作；

步驟 2：在這個圓圈的外圍寫下你可以做得到，但又覺得很費力、緊張和勉強，但又不至於有很大壓力的事；

步驟 3：再在這圓圈的外圍畫一個更大的圓圈，寫下你想過要做，但卻又鼓不起勇氣去做的事；

步驟 4：再畫一個圓圈，寫下你有點想過但完全不敢嘗試的事；

步驟 5：在紙的四角空白的位置，安靜地想一想，有什麼事情是你想也沒有想過做的，寫下來。

34. Perry Phikippa 著，吳四明譯 (2013)，《如何維持情緒健康》How to Stay Sane. 人生學校. 先覺出版社，102 頁。

分野 Differentiation
顯明差異，練達成長心態

第一圈是舒適區，是我們最熟悉及得心應手的環境，但一旦步出這個領域，就會覺得有壓力，不知所措，這時你可以向外擴展一下，做一些你想過要做但又鼓不起勇氣去做的事；第三個圈是你的學習區，裏面的是你很少涉足的領域，但卻充滿新穎的東西，這時你可以充分的鍛煉自我，你會感到力有不逮，不要緊，在這區域內你是有足夠的學習動機，學習新的技巧，擁抱挑戰。

當第三個圈已經變成你的自在區時，再嘗試向外擴展到下一區，那原本是你的恐慌區，顧名思義，在這個區域中會感到憂慮，恐懼，不堪重負，甚至是危險的事，但你現在已經有足夠的心理準備和知識去應付，原本闖不過的區域，現在可以嘗試去闖，失敗了沒關係，從失敗中學習，有足夠信心的時候再去挑戰。你得要按步就班，逐步擴大自己的自在區域，迎接更大的挑戰，這樣才有機會進步。

從跑不動到參加馬拉松，是要長年累月的艱苦努力，絕對不能一步登天的，需要不斷擴大自我的舒適區，成長心態是必須的動力。

方法 4.

承認無知——無知是真正學習的開始

「我唯一知道的是我一無所知。」蘇格拉底

「我不把世界分為弱者和強者，或成功和失敗，我將世界分為學習者和非學習者。」Benjamin Barber

你對身邊最熟悉的東西有多少認識？英國利物浦大學做了一個很有趣的研究，訪問了一批有騎自行車上學的大學生，問他們是否了解自己的自行車，有超過 60% 的大學生表示對自己的車瞭如指掌；然後再問他們關於自行車的簡單知識，例如：「單車的鏈是連接前輪還是後輪？」、「腳踏的正確位置在哪裏？」……非常不幸，絕大部分學生都答錯了！其實學生對自己的自行車所知道是非常少，甚至可以說是一無所知[35]。

問題並不是學生有多不認識，而是他們以為自己已經知道得很多，但是事實剛好相反。人們總是認為自己擁有很多知識，事實上，當他們被測試挑戰時，才發現他們的自信不過是假象。以為自己知識愈廣博的人，愈容易固步自封，愈不肯去認真觀察和學習，這就是「固化心態」的根源。

35. The Knowledge Illusion. https://www.youtube.com/watch?v=LC6O_2vDDwc

分野 Differentiation
顯明差異，練達成長心態

不信？不妨問問自己，你知道抽水馬桶、拉鍊、電話……等日常用品是如何運作的嗎？大部分人每日都在運用的東西，都自以為很了解，但所知道的其實是非常有限，更不用說那些複雜和抽象的事物甚至人際關係。

承認無知是學習的開始，認清自己只有貧乏的知識，你才能張開耳朵、擦亮眼睛、清空腦袋，以謙卑的心、敬畏的態度去思考學習和探索，這才是成長心態的特質。學習絕對不是上課考試，更加不是只求分數和證書，學習是鍛鍊腦袋、探索真理、追溯答案、自我實現的過程。要學習什麼科目才可以幫助鍛鍊「成長心態」？答案是學習什麼都可以，最好是一些你不熟悉的領域，那就更可以刺激腦神經細胞有更多的連結。

2011 年，美國 Pennsylvania 大學的心理學家 Alejandro Adler 開辦了一門名為「幸福學課程」(Gross National Happiness Curriculum)，他曾經領導的老師團隊在小國不丹 (Bhutan) 開辦這幸福課，包括 18 所學校及超過 8000 名高小學生參加，為期 15 個月。課程教授以下 10 種生命的技巧：

正念	Mindfulness
同理心	Empathy
察覺	Self-awareness
情緒適應	Coping with Emotion

溝通	Communication
人際關係	Interpersonal relationship
創意	Creative thinking
批判思考	Critical thinking
解決問題	Problem solving
決策能力	Decision making

15 個月之後再量度學生的幸福感，發現有非常高的升幅，這是很正常的吧，因為學生不用上沉悶的學術課，快樂指數當然提升了，但重要的是，他們的常規學術成績如中、英、數、常等，也有明顯的提高[36]。

在以考試為主導的香港，當家長發現子女的學術成績欠佳，他們會迫小朋友到補習社加以催谷。但原來，增強孩子的正念、同理心、察覺力、創造力等訓練，可以間接提升學習能力和成績，因為一個懂得創造，會解決問題的孩子，是會較只懂被催谷不斷做補充練習的孩子來我優秀。

我們連自行車這具體的日常工具都所知甚少，更遑論是人生那麼大的課題！學習的前題是先承認無知，虛心學習，不但可以讓腦袋轉動，增進成長心態，更能在「幸福學課程」中滋潤快樂，幸福與智慧兼得，何樂而不為！

36. Seligman Martin (2018) "*The Hope of Circuit*". Nicholas Brealey Publishing. pp 289-292.

無知是終身學習的開始

方法 5.

慶祝失敗——撰寫自己的失敗履歷表

「世間充斥着苦難，痛苦如影隨形，如果那些無窮無盡的悲苦困窘是沒有意義、純屬偶然的話，這種想法未免太荒謬了。」叔本華（德國哲學家）

本書已經用了一個章節論述失敗，沒有需要嘮嘮叨叨的再說一遍，在此不如討論一下：**你曾經為你的失敗開過慶祝會嗎？有沒有邀請朋友與你一同慶祝？**如果沒有，不打緊，自己一個人慶祝也不錯，帶着香檳為自己祝酒，都是滿浪漫的！

在慶祝酒會上，你可以向各親朋戚友表明，你曾經面對面直視這次失敗所帶來的恐懼和驚怕，你的失敗是有價值的，你曾經回顧原因，檢討得失，撫摸一下自己的傷口，撫慰那曾經灑淚的心房，原來最壞的情況也不外如事，沒有什麼大不了呀！有時候，失敗才是更好的！它可以讓腦袋轉變，知道此路不通，轉向其他路。沒有受過傷，就不懂得剛強，若再失敗，也就再有更多學習的可能，在慶祝會上，不要忘記再三鼓勵自己，為進駐成功之路向前邁進一步。

你可以更進一步，為自己寫一篇「失敗履歷表」(CV of Failure)，CV 是你的人生歷程，既然失敗是你生命的一部分，一份完整的 CV，當然應該包括各種各樣有成功和失敗的經驗。像寫求職信一樣，你須鉅細無遺地撰寫每一件失敗事蹟的時、地和涉及的人物，當然，你也要寫上當中學習到的教訓與及補救計劃，如何防止日後再犯同樣的錯誤。

你的 CV 是在提醒你自己，你的人生曾經有過那麼輝煌的戰績，有過那麼豐富多樣的顏色。必須知道，如果一個曾經在戰場上出生入死的戰士，身上是完好無缺，連一條傷痕都沒有的話，用廣東話的俚語説：「這個士兵真是好打有限！」

小説《哈利 • 波特》作者羅琳於 2008 年，在哈佛大學發表了一場題為「失敗的好處」的演説，娓娓道來她的失敗經驗。她大學畢業之後的七年可以説是一敗塗地，失婚、失業、成為單親媽媽，更成為貧無立錐之地的無家者。對她來説，失敗一點好處都沒有，一點都不好玩，在這條黑暗的隧道內似乎也看不到盡頭。但在黑暗之中，她發現失敗已經把所有無關重要的東西都剝掉……她已經從中解脫出來，因為最大的恐懼已成為事實，通過失敗，反而使她獲得安全感，而她仍活着。(原文是：Simply because failure meant a stripping away of the inessential.……I was free because my greatest fear had been realized, and I was still alive. [37])

37. Text of J.K. Rowling's speech. "*The Fringe Benefits of Failure, and the Importance of Imagination*". https://news.harvard.edu/gazette/story/2008/06/text-of-j-k-rowling-speech/

方法 6.

重寫意義──發揮「因為」的力量

1970 年哈佛大學心理學教授 Ellen Langer 的一個實驗中，她帶研究團隊到圖書館去，看到影印機前大排長龍，便趨前問排在前面的人：「對不起，你能讓我先影印嗎？」結果有約 60% 的人同意。

實驗的第二個回合，這次多了一個理由：「對不起，你能讓我先影印嗎？因為我趕時間。」結果出乎意料地差不多所有人 (94%) 都同意，因為趕時間顯然是個很好的理由。

然後，團隊再進一步測試，同樣在影印機前排滿了人的時候說：「對不起，你能讓我先印嗎？因為我想影印。」這是一個非常可笑的理由，結果卻令人驚訝，仍然有 93% 的人都讓她先影印[38]。

這個研究非常有趣，如果我們可以為我們的行為說出一個「因為」，就能得到更多的理解與協助，你的理由是否有意義並不是很重要，「因為」這個詞本身就已經是個理由，「因為」不單可以用來說服其他人，它同樣可以用來說服和推動你自己。

38. Clear James "*The One Word That Drives Senseless and Irrational Habits.*" https://jamesclear.com/copy-machine-study

「就算死亡的陰影已在眼前，我們還可以找到新的人生意義。」

黑澤明（日本大導演）

哲學家尼采有一名句：「當人發現了生存的理由時，他就有能力去承受所有的困苦！」(He who has a why to live for can beer any how) 無論你的人生遭遇多麼大的困苦和劫難，給生命一個「因為」，然後好好地活下去。

你為什麼要工作？

- 我喜歡我的工作，「因為」它是一份可以賺取金錢報酬的工作 (Job)。我需要工作，「因為」當每月發薪水的時候，能夠帶着金錢回家，家中老少得以溫飽，妻子可以無後顧之憂地照顧孩子，兒子得以上學唸書，老爸老媽過着安定的退休生活⋯⋯我的工作很有意義！

- 我喜歡我的工作，「因為」它是不錯的事業發展（Career），這工作為我帶來名聲、地位與影響力，還看見未來會有不錯的晉升機會，可以有自己的房間、秘書、各種的福利津貼⋯⋯我的工作很有意義！

- 我喜歡我的工作，「因為」它是依據我心中的感召（Calling），「因為」我能夠服務他人，可以影響到很多不同的人，我對世界有所貢獻⋯⋯我的工作很有意義！

分野 Differentiation
顯明差異，練達成長心態

無論你視工作只是為了薪水，為了發展前途，還是為了實踐心中的感召，你都需要為自己創造一個「因為」的理由，這是你工作的動力。

人應該要追尋有意義的人生，有意義的行為予以更深層的滿足感，如果能夠將自己的「小我」和較自己更大的「大我」連結，按心中的感召而行，這美好的感覺更能持續和長久。「大我」的生活意義是什麼？它包括：宗教、靈性、宇宙、大自然、彰顯人性美善、服務他人、分享智慧……能夠發現生活的意義，不論大小，都是心理健康的重要因素。

「固化心態」者的意義往往是源自外來世界的標準，通常是人云亦云，他們甚至找不出內在的動機，漫無目的，當遇到困難考驗時，很容易會放棄。所以清楚知道自己的工作意義，為什麼要做這份工作的人，是不會輕言放棄，更加不容易固化，「成長心態」會隨着心中的意義而滋長，才能更容易達到成功。

曾被關在納粹集中營的心理學家佛朗克 (Viktor Frankl) 曾說：「在苦難的日子裏，要生存下去不能沒有信念，縱然這信念是多麼微弱，仍是人生所仰賴的意義所在。」

方法 7.

微笑循環——啟動大腦獎勵迴路

「我每天起牀第一件事，是先想想這一天要做什麼開心的事，這會有助成功順利地應付逆境。」蒙田（法國思想家）

美國肯塔基大學教授 Deborah Danner 和他的研究團隊，細閱了180 位修女們自 1930 年代開始寫的筆記，這批封塵了的筆記，記錄了她們對人生事件的情緒反應，心理學家對每位修女的幸福感進行評估。由於她們大部分時間都生活在非常相似的生活條件之下，而且飲食起居的習慣都差不多，所以研究得出來的差異是相當有參考性的。她們進入修道院時的平均年齡是 22 歲，在 60 年之後，她們年齡最少的是 76 歲，最大的是 90 歲。

研究人員把文件分類為正面、中性和負面，然後把修女的性格與壽命之間的關係作歸納比較，研究發現那些常懷喜樂，以正面情緒面對難題（正面組）的修女，壽命較負面組的修女平均長 10 年[39]。在其他科學實驗中證實，戒了煙的人平均壽命較沒有戒煙者長三至四年，即是說，負面心態較吸煙更危害健康！

---

39. D. Danner, Snowdon and Friesen, *Positive Emotions in Early Life and Longevity: Finding from the Nun Study*. Journal of Personality and Social Psychology 80 (2001): pp 804-813.

筆者必須強調，情緒可以分為正面和負面，但卻沒有絕對好壞之分。如一個人 24 小時都處於歡笑興奮狀態，這是精神病；而妒忌、厭惡、恐懼、憤怒、悲傷等負面情緒是非常有用的，它們正在告訴你：「不對勁，前面有危險，須提高警覺！」

負面情緒會引發自主神經反應，例如心跳加速、血壓上升、嘔吐等，這些反應使你快速行動，作出逃走或者攻擊，而嘔吐是讓你把體內多餘的東西吐出，從而可以走得更輕便，因為這是作戰狀態，在保命的時候，負面情緒全都是有用的，使你的腦袋思考功能收窄甚至暫停，把有限的能源輸送到身體四肢。

但這些機能反應是限制了腦袋的彈性，誘發了「固化心態」；相反，正面情緒的目的是讓大腦開放，創造更多的關係網路，探索環境，吸收更多資訊，歡欣、微笑、興奮等正面情緒，可以強化挫折後的復原力及減少壓力，快樂是可以提升大腦的修復功能。

倫敦 King's College 教授 John Wienman 在兩組測試者身上做出兩個小傷口，結果發現，心情開朗的人傷口癒合的速度，較心情低落的人快了 2 倍，因此，健康的高齡者通常是心情比較開朗愉悅的人[40]。快樂的人長壽的比例較不快樂的人高，因為快樂不僅令人心情愉悅，甚至使人身體健康。

---

40. *Optimising Recovery and Adherence to Treatment in Patients with major Physical Health Problems*. https://impact.ref.ac.uk/casestudies/CaseStudy.aspx?Id=41304.

還有，情緒是可以傳染的，當你向別人送上微笑時，別人會回報給你一個微笑；當你向人怒目而視時，對方十之八九肯定會更怒氣沖沖。這是心理學上的「心錨作用」(Anchors)，某些感官刺激，能引發對應的身心狀態，因此當你看到別人的微笑時，也會令你有輕鬆快樂的感覺，要良性還是惡性循環，只有你自己才能選擇。

正向情緒可以拓展我們的心理免疫能力，讓我們眼界拓寬，心靈得以茁壯成長[41]。引發一連串的心理反應，當感到歡欣快樂時，會渴望可以有更多的快樂時光；當感到好玩有趣時，會更有動力使人與世界的聯繫更加擴展。

正面情緒會將我們注意的寬度擴展，產生「拓展——建立」(Broaden and build) 的正能量循環，幫助我們產生更多正面的情緒，從而形成良性循環。當眼界擴闊了，就會渴望更多，希望與他人有更緊密的聯繫，不只會關心自己，還會將焦點放在其他人身上，關懷他人及萬物，我們心量更寬廣[42]，以上這些全都是「成長心態」的特質。

41. Fredrickson 著，蕭瀟 譯，《愛是正能量，不練習，會消失》，台灣橡實文化，2015，19-23 頁。

42. Fredrickson. R, (2016) *The Value of Positive Emotion*, American Scientist,. www.americanscientist.org/issues/id.865.y.0.no.,content.true,page.1

方法 8.

批判駁斥——保持敏銳的心

當困頓時，你要習慣不厭其煩的每件事都「問到底」，你要學會駁斥 (Dispute) 那些大家都認為是理所當然的事。批判駁斥的目的，是在使你的內心信念變得較具彈性、合邏輯、與事實相符、不誇大，不僅能夠減緩負面情緒的干擾，亦可提高個體的挫折忍受度，遇到狀況能屈能伸，為人處事合情合理，這即是一種有效的自我管理。

在困窘中，非理性的信念在個人的內心不停地對話，進而影響人的行為反應，形成了固化的想法，當這些想法企圖控制你時，你可在心中加以駁斥：

「這是真的，有證據嗎？如果有證據在哪？」

「哪裏有白紙黑字寫着？」

「這種想法合邏輯嗎？怎會因為這原因就肯定……？」

「除此以外，真的沒有其他方法讓您做到……？」

「除此之外，還有沒有其他方法可以達到同樣的效果？」

「就算事情發展成這樣，有那麼糟糕嗎？」

「是非放棄不可嗎？」

「就算這結論是真的，那又如何？」

無論是「問人」或者是「問自己」，正確的答案往往是由正確地發問開始，愈問得深入，得到的資料就會愈多，選擇也會多，看到的東西更多，視野更闊。要避免眼睛受到蒙蔽，不要滿足於表面的答案。當面對模稜兩可的處境時，你要發問：

「事情是如何發生的？」
「是什麼原因導引有這事情發生？」
「是什麼原因要非這樣不可？」
「是什麼阻撓我們？」

當希望可以想更多新的觀點時，你要發問：
「如果這樣做，可以預期會發生什麼？」
「可以想出其他選擇嗎？」
「如果……會如何？」
「還有其他方法可以達致這效果嗎？」

所謂致知在格物者，在即物而窮其理也。把事物審視得詳詳細細，清清楚楚，通通透透，自然就會找尋到當中的道理，減少盲點，你的心態就不再是「固定」，而是不斷向前，不斷擴展成長。

方法 9.

凡事感恩——回歸生命原點

「感恩是負面情緒的解藥，是嫉妒、貪婪、敵意、焦慮、煩惱的中和劑。」Sonja Lyubomirsky（美國心理學家）

你出生的時候是赤身露體，沒有帶來任何東西，你今天擁有的一切，無論是多或少，都應該感恩。

感恩讓人謙卑，讓人知道自己不是完美，知道必須要與其他人充分合作才可以成功，要腳踏實地一步一步向前走。人要提升，未必需要絕頂聰明才智，只需要打開心扉，願意聆聽別人的說話，用心聆聽，觀摩參透，對你已經擁有的一切表達謝意，感恩是助你打開心扉，讓你與世界融合在一起。

以前，當說到感恩這課題時，都是從哲學和倫常道德的角度去思考，但原來在我們的腦中，有一個區域是控制感恩的，加拿大哥倫比亞大學於 2015 年的一個很有啟發性的研究中[43]，證明在腦前額有一個稱為眶額皮質區域（orbitofrontal cortex），這是負責感恩、憂慮、行動，是調適負面經驗，與及評估事情是否值得憂慮，

---

43. Kam, Jessica C., (2015) *Gratitude and Perceived Stress among Counsellor Trainees*. Mindfulness https://open.library.ubc.ca/cIRcle/collections/ubctheses/24/items/1.0166320

「感恩是負面情緒的解藥，是嫉妒、貪婪、敵意、焦慮、煩惱的中和劑。」

Sonja Lyubomirsky（美國心理學家）

如果經它評估後認為事件是值得憂慮的話，會動員資源去應對[44]。當有感恩時，這些區域會活躍起來，痛苦的感覺會減少，產生更多的快樂和正向情緒，而且會積極行動。

仁慈、感恩、憂慮等情緒都是由眶額皮質區域指揮的，當不能達成自己的目標和想要的事物時，人會感到憂慮，所以退縮而不會行動，但當你感恩時，憂慮情緒減少，愈少擔心憂慮，喜悅增加，人亦愈感樂觀，因此亦愈能開始行動，腦神經指揮身體其他部分更樂於行動。

從腦神經科學的角度解釋，擁有「固化心態」的人當遇到擔憂不安的處境時，會傾向不行動，甚至放棄，這是眶額皮質區域在作祟，主動感恩是重啟大腦行動的心理機制。

2003 年，日本有幾位設計師舉辦了一個設計師交流的晚會，名為 PechaKucha，規定每位設計師只可以用 20 張 Power points 圖像，每一張不可以用超過 20 秒的時間來表達他們的設計概念，目的是鼓勵設計師以最簡潔明快的方式來演繹論述。這種表達方式很快就擴散到日本各地區，甚至在世界各地開花結果，成為設計師的重要活動之一。PechaKucha 這意念的美麗之處，是它簡單容易，而且持之以恆會成為習慣，並在不限文化、時間、語言、空間的隔閡之下互相交流。

44. Fox, Kaplan, Damasio, and Damasio. 2015. *Neural correlates of gratitude*, https://www.ncbi.nlm.nih.gov/pmc/articles/PMC4588123/

現年 96 歲的日本尼師瀨戶內寂聽女士，她是日本佛教非常出名的網絡紅人 KOL，也是一位出色的作家，她鼓勵世人記下生活中每一點一滴的快樂經驗，用什麼方式記下來都可以，每一次快樂經驗都值得感恩，她稱感恩的事情為「微笑的種子」，把種子播在自己的心中，慢慢地，這微笑的種子能在你的生命中開花結果，得到更大的快樂。

筆者建議你可以把 PechaKucha 和「微笑的種子」兩個概念相結合，調整成為簡單易成的「感恩」記錄，你可以每天用 20 張相片來表達你今天要感謝的內容，你要感謝什麼都可以，但必須要每天的做，每天都去思考及搜羅你的感恩，持之以恆地進行，你會發現，當你愈願意感恩，就愈感到快樂，也更積極地行動去找尋更多快樂，這就是你自己的「幸福種子」。與其呆着期盼別人施予幸福，期待快樂能從天而降，不如自種自耕，自行收割。

固化心態的人不願意行動，因為他們事事擔憂，恐懼失敗；但持有成長心態的人，心裏常存感恩，在面對困境時，痛苦、悲傷、失落、挫敗……是難免的，但他們不會害怕甚至逃避，困難可以是正面的，它帶來成長的機會，使人站得更加堅穩，困難是人生必定會經歷的試煉。

方法 10.

堅持追夢──化不可能為可能

「夢想」是你內心深處真正的想要、想得到、想成就到的東西，是透過夢顯露出來的訊息。兩者之間的不同在於，「夢想」是需要您去解碼，作進一步的了解、感受，從而理解出它的真正意義。「夢想」是需要您在夢醒時做記錄，然後跟進和付出行動。所以沒有深入感受、了解、跟進和付之行動的，都是一般夢境，像泡沫一樣消失得無影無蹤，只有把它轉化成為夢想，才會是您人生的一張地圖。

今天晚上不妨放膽一試，當你敢去夢想的時候，就會看九霄雲外的東西，會看得更遠，看得更高，會看到自己未來的生命地圖。

你會願意把它高聲宣示出來，不單讓自己，更要讓所有人都知道、看到、聽得到嗎？你願意為自己的夢想作出行動嗎？當你沉醉在自己的白日夢時，我們建議你向自己提出以下問題，更加重要的是要深入思考，找出自己的答案：

「我的夢想是什麼？」
「我的夢想與正在面對的難題、人生的目標有什麼關係？」

「怎樣才可以把這個景象變成真實？」

「為了這個夢想，我願意付出什麼？」

「怎樣行動才可實踐這個夢？」

「第一步行動是什麼？」

「需要學習什麼？」

「需要加一些什麼資源才可以更快、更容易、更有效實踐夢想？」

「需要移除些什麼障礙？」

「有沒有夢想成真的時間表？」

每一個人在童年時都會有很多夢想，長大後就不再那麼多了，這些夢想即使是多麼不切實際、多麼幼稚，仍然代表你在人生中最純真的想法。長大之後，你比以前更有能力了，去實踐它吧！去圓一個美滿的童年夢，多美妙哦！

夢想讓人飛躍，飛躍帶動成長，一個飛躍中的人的心態是不可能「固化」的，因為他們根本沒有空間容納得到固化心態！！

方法 11.

回歸自然──大自然使人謙卑

大自然是一個超級成長的系統，大自然每時每刻都在變化，都在面對不同的挑戰，適應、調節和演化，它永遠不能停下來，更加不能放棄，人在大自然面前是何等的卑微渺小！回歸大自然，你自然會變得謙卑，懷着敬畏之心，「成長心態」悠然而生。

大自然擁有神奇的自癒力量。在醫院病房裏，如果窗外是自然翠綠的景觀，病人痊癒的比率也較高，有實驗證實，相對於住在面向西方的病房，住在面向東方的病房的抑症鬱病人，平均提早三天出院，因為西面方向的日照較多；同一原理，住在緯度較高、日照時間教少的人，患抑鬱症的機會較住在緯度低的人高[45]，陽光的治病效果較打針吃藥更好。

信不信由你，如果你的辦公室有窗戶，而且還可以看到綠油油的景觀，你的心情也開朗得多，工作效率也會較高。低矮的天花板和狹窄的走廊，沒有窗的辦公室會讓人思路閉塞，相反，房間光線充沛，高高的天花可以培養洞見，增加創意，工作效率也大幅提高。與大自然產生連結，會引發更多正向情緒，防止負面思考，人會更快充滿能量。

45. Sternberg Esther (2009). *Sunlight and Natural Scenes*. Healing Space: The Science of Place and Well-Being. Cambridge, MA: Belknap Press. p49.

大自然使人謙卑，謙卑使人更誠實面對自己，知道自己的缺點
但，不會導致停滯不前。

分野 Differentiation
顯明差異，練達成長心態

美國學者 Rachel 與 Kaplan 與他的研究團隊在 20 年前提出的注意力恢復理論（Attention Restoration Theory，簡稱 ART）[46]，都市人每天都費盡精神專注於各種各樣的為生事業，包括上課學習、打電腦、回覆手機訊息、開會、操作機器……等都會導致注意力耗損，壓力增加的工作，Kaplan 稱這些工作為直接注意力（Directed attention），這是一種需要耗費精神的專注力，使人產生疲勞、壓力、易怒、錯誤、疾病甚至發生意外。

如何有效地使人從精神疲勞的狀態中恢復過來，從新專注？Kaplan 提出一個簡易而且免費的治療藥方，就是走入大自然，聆聽風聲鳥語，遠觀落葉彩雲，與昆蟲蝴蝶打招呼，自然環境可以使人們恢復本來的注意力，體驗安寧舒暢的感覺，是最理想的身心靈復元診療所。到近郊的自然環境中去，到有翠綠花草和鳥語蟬鳴的地方，到遠離煩擾的地方去，行走到山路小徑，勘探大自然中的微小、有趣而陌生的世界，那裏是一個美麗有趣、多采多姿的地方。

如果你連這一點點的空間和時間都沒有的話，你可以在家裏自製桌上小庭園，種植小盆景，盆景雖小，但只要你投入其中，把小小庭園變成你的夢中家園，亦可把你的心靈擴大。

46. Rebecca. Clay.(2001) *Green is good for you*. American Psychological Association., Vol 32, No. 4 http://www.apa.org/monitor/apr01/greengood.aspx.

在大自然裏，有着令人迷戀的軟性魅力 (Soft fascination)，你可以毫不費力的專注投入，而且與你的志趣相投，在這自然的空間，你可以從忙碌中學習慢下來，可以令思緒清明，反思人生。當你與這美妙的環境連結在一起，放下你自以為是萬物之靈，高高在上的身段，接受你只是這環境的一個微小部分，謙卑地與自然相融在一起，健步、觀察、欣賞、沉思……所有東西都是種眾生平等，互相兼容。

一位少婦窩居在城中一間黑暗而潮濕的公寓內，她被至親拋棄，被朋友出賣，生活一團糟，世界太冷了，實在找不到任何生存下去的理由，她決定到山上投崖自盡，起碼不會連累他人。

她租了一部的士（計程車），出發往山上去。的士離開使她傷心的城市，眼底隨即出現一大片青蔥的稻田，濃密的杉樹整齊地排列在山腰，渾然天成，的士再往上走，是一個大草原，她從來沒有想過原來天空可以這樣藍，白雲和鮮花可以拼湊出如此美麗的圖畫，山風夾着草香是無比的清甜，再俯望山下，那個城市竟然是出奇的渺小……。

少婦深呼吸了一口，想了一想，然後對司機說：「司機先生，對不起，請把我送回山下去，我要尋找另一間新房子。」

方法 12.

種植希望──一份無價的禮物

抑鬱的人看不到希望，覺得天空下一了場雨，世界一片灰色，他們就會覺得很悲傷，無法走出黑暗；樂觀的人覺得永遠存在希望，事情是可以改變的，天氣是可以改變的，人當然也是可以改變的。

當你覺得世界是可以改變的，這就萌生了成長的心態。認為世界是不可以改變的人，看見太陽很猛烈，會說這回真慘啊，人生沒希望了！那些是固定心態。同一場雨、同一個太陽，對成長心態和固定心態的人來說，他們的感覺是完全不一樣的。「**造命者天，立命者我**」一個人若對自己生命有控制權，對未來有期待，他的健康情況會不一樣。世上有兩種希望：

被動的希望，假如你相信命運是由上天安排，機會是會從天而降的，你期望別人為你爭取，你會等待，等待那個為你達成希望的人物的出現，但歷史會告訴你，這只是一種不切實際的奢望。

主動的希望，你真的有希望達成的夢想，即使這可能是遠離現實，好像是沒有可能實現的，即使路是崎嶇遙遠，但你堅信這是有可能的，只要能你主動行出第一步，主動去爭取不放棄，是會有實現的一天的，你亦會以行動來促成所求。

新的思維，新的結果

分野 Differentiation
顯明差異，練達成長心態

兩者都是希望，分別只在於你是否真的決定你要你所要，並付諸行動。但無論如何，**「常懷希望」**本身已經是一種非常有效的自我療藥。

以下一首 70 年代的廣東流行歌詞，送給每一位認為世界沒有希望的人，也送給充滿希望的你。

由羅文先生主唱，盧國沾先生填詞的《前程錦繡》。

斜陽裏，氣魄更壯，斜陽落下，心中不必驚慌，
知道聽朝天邊一光新的希望，
互助互勵又互勉，那怕去到遠遠那方。
前程盡願望，自命百煉鋼。
淚下抹乾，敢抵抗高山，攀過望遠方。
斜陽裏氣魄更壯，斜陽落下，心中不必驚慌，
知道聽朝天邊一光新的希望，
互助互勵又互勉，怕去到遠遠那方。
前程盡願望，命百煉鋼。
淚下抹乾，抵抗高山，過望遠方。
小小苦楚等於激勵，於苦海翻細浪，
藉着毅力，恃我志氣，總要步步前望。

斜陽裏，氣魄更壯，斜陽落下，心中不必驚慌，知道聽朝天邊一光新的希望，互助互勵又互勉，那怕去到遠遠那方。前程盡願望，自命百煉鋼 (盧國沾)。只有行動時獲得的成功才有價值。

結語：總會有出路的
There must be a way out!

1969 年，美國太空船阿波羅 11 號成功登陸月球，是人類歷史的壯舉。第一位從太空倉踏出月球的太空人 Neil Armstrong，他說了一句家傳戶曉的名言：「我的一小步，人類的一大步。」後來在慶祝登陸月球成功的記者會上，有記者問另一位太空人 Buzz Aldrin：「你的同事先踏足月球，成為登月的第一人，你會不會覺得遺憾呢？」全場靜了一會，Aldrin 回答：「我是第一個從另一星球來到地球的人！」然後全場大笑。

這是人類登陸月球的一段微不足道的小插曲，不過對於一位奮鬥終身的太空人，卻未能成為史上第一位登月者，這可能是非常遺憾甚至是耿耿於懷的事，因為不會再有第二次機會。Aldrin 的回答除了展示他的幽默感之外，亦提示了一個訊息，用另一個角度，載上另一個鏡頭看這一件事，心態不同，結論就完全不一樣。

心態 (Mindset) 是你用來觀看世界的鏡頭，但是，如果你總是載着一塊「世界是不會改變的，這是一件壞事，我無能為力……！世界太不公平……！」的鏡頭，即使是一件微不足道的小事，或者只是一位記者忽發奇想的提問，也足以觸動你的中樞神經，令你耿耿於懷，甚至感覺悲慘，帶着遺憾渡過殘生。

成長心態比較可能導向你成功，但最重要的一點是，即使你的人生平淡如水，說不上有什麼卓越成就，但對於持成長心態的人來說，這樣的人生起碼過得更快樂。

最後，如何保持成長心態，使它得以延續成為你的思考習慣，以下是筆者提供的五個建議：

- **成為萬能集線器 Be a Hub！**

  把視野擴大，接收更多的資訊，看得更多、更遠、更深入。視野擴闊了，心態就不容易固化，不會被眼前的短暫逆境所局限，在今天複雜又不斷變化的環境中，能集思轉化才能不斷適應創新，就好像一個萬能集線器，它既能從不同的來源收集資訊，更能加以轉化成為合乎自己及他人所需，再發揚出去！

- **把焦點留在你的目的 Stay on Purpose. Not on Outcome!**

  把眼光放在你的生命想要，而不只是留在短期目標！目標只是達成目的的過程；當然，不知道目標，就不知何去何從；但只知道目標，而不知目的，也許這只是盲目追求，當追求不到就會感到膠着，停滯不前！

- **不要只相信你表面上看到的 Don't Trust your Eyes!**

  眼看未為真，太多事情是我們看不出，就算親眼看到，也不一定就是事實，更不用說只是聽說而未有看過的！當困頓時，動動腦袋，認真思考，審慎判斷，分清真偽，也許，眼前的失敗原來只是另一課堂學習的開始。

- **超越邊界 Transcends Boundaries!**

  每個人都不自覺地自定邊界，你必須分野清楚什麼是我的範疇，什麼是我的責任，什麼不是，如果不自我超越破界而出，空談改進發展，根本於事無補！

- **訊號四處皆是 Signs are Everywhere!**

  你的四處皆是訊號，只要動動腦袋、張開眼睛、打開耳朵、開口發問、用心感受，你必定會知道更多，當分野清楚了，盲點自然會減少，請再提醒自己，不斷看清世界與及自己，任何事物皆有多外露的徵狀，看得比別人看到的更多，你會發現，處處都是成長的機會！

電影《地心探險記》*Journey to the Center of the Earth* 情節中，當男女主角在開始探險的時候，突然遇上山泥傾瀉，出口已被幾十噸重的大石堵塞了，其他人感到十分絕望，沒有出路，要放棄了，這時女主角 Anita Briem 說了這句簡單的話："There must be a way out!"

延續閱讀

推薦英語參考書：

- Berne, E. (1964). *Games People Play — The Psychology of Human Relationships*, Penguin Books.
- Boniwell, I. (2008). *Positive psychology in a nutshell* (2nd Edn). London. PWBC.
- Buckingham, W (2012). *Happiness - A Practical Guide*. Icon Book Ltd.
- Cashdan, S. (2002). *The Witch Must Die — How Fairy Tales Shape Our Lives*. Perseus Book. LLG.
- Burkeman Oliver (2011). *Help! How to Become Slightly Happier and Get a Bit More Done*. Vintage.
- Carr. A (2011). *Positive Psychology: the science of happiness and human strengths*. Routledge.
- Cleave, G. (2012). *Positive Psychology-A practical Guide*. Icon Books Centre.
- Covey, S. (1989). *The 7 Habits of Highly Effective People*. Simon & Schuster. New York.
- Czikszentmihalyi, M. (2002). *Flow. The Psychology of Happiness: The Classic Work on How to Achieve Happiness*. New Edition. Rider House Group, London. Random House.
- Dalai Lama (1999). *The Dalai Lama's Book of Wisdom*. Thorsons. New York.
- D. Danner, Snowdon and Friesen, *Positive Emotions in Early Life and Longevity: Finding from the Nun Study*. Journal of Personality and Social Psychology 80 (2001)
- Dilts, R. (2003). *From Coach to Awakener*. Meta Publications.
- Dolan P. (2014). *Happiness by Design — Finding Pleasure and Purpose in Everyday Life*. Penguin Books.

- Donovan, (2016). *Motivate Yourself — Get the life you want, find purpose and achieve fulfilment*. John Wiley & Son Ltd

- Dweck Carol, (2017) *Mindset — Changing the Way You Think to Fulfil Your Potential* (Updated Edition). Robinson House.

- Ellis, A. (1973). *Humanistic Psychotherapy: The Rational Remotive Approach*. McGraw-Hill, New York.

- Foreman and Pollard. (2011). *CBT A Practical Guide*. Clay Ltd UK.

- Fox, E. (2013). *Rainy Brain, Sunny Brain — The New Science of Optimism and Pessimism*. Arrow Book.

- Fredrickson, B. (2009). *Positivity*. New York. Crown.

- Freud .S. (1920), *A General Introduction to Psychoanalysis*, New York: Boni & Liveright.

- Gilbert. D. (2006). *Stumbling on happiness*. London. Harper Perennial.

- Ginott, H. (1975) .*Teacher and Child: A Book for Parents and Teachers*. Avon Books, New York, NY.

- Garratt, G. (2012). *CBT for Work — A Practical Guide* Icon Book Centre.

- Hamilton, Christopher (2014). *How to Deal with Adversity. School of Life*, Macmillan.

- Holden, R. (1998). *Happiness Now ! — Timeless Wisdom for Feeling Good Fast*. Hodder & Stoughton, London.

- Langer Ellen, (2014) *Mindfulness, 25th Anniversary Edition*, A Merloyd Lawrence Book. Da Capo Press

- Law, S. (2002). *The Philosophy Files. Dolphin Paperbacks*. The Guernsey Press Co. Ltd.

- Layard, R. (2006). *Happiness — Lessons from a new science*. London. Penguin Books.

- Lee and Ricci, (2016) *Mindsets for Parents, Strategies to Encourages Growth Mindsets in Kids*. Prufrock Press Inc. Waco. Texas.

- Lewis and Lannon. (2000). *A General Theory of Love*. Vintage Books, New York.

- Linley, A. (2008). *Average to A+ — Realising strengths in yourself and others*. Coventry. CAPP Press.
- Lyubomirsky, S. (2007). *The how of happiness*. London. Sphere.
- Morris Desmond. (2002). *People Watching*. Vintage
- Nettle, D. (2006). *Happiness — The science behind your smile*. Oxford. Oxford University Press.
- Ong, A.D. & Van Dulmen, M.H.M. (2007). *Oxford handbook of methods in positive psychology*. Oxford: Oxford University Press.
- Peterson, C. (2006). *A Primer in Positive Psychology*. Oxford. Oxford University Press.
- Peterson & Seligman. (2004). *Character strengths and virtues: A handbook and classification*. Oxford. Oxford University Press.
- Robinson Ken, (2018). *You Your Child and School — Navigate Your Way to the Best Education*, Allen Lane, Penguin Books
- Seligman, M. (2003). *Authentic happiness*. London. Nicholas Brealey Publishing.
- Seligman M. (2018). *The Hope of Circuit*. Nicholas Brealey Publishing.

推薦中文參考書：

- 羅素 著，杜若洲 譯 (1995)《人類的將來》，新潮文庫，志文出版社
- 羅家倫 (1998)《新心生觀》，台灣商務印書館
- Thoreau 著，藍瓶子文化編譯小組 譯 (1999)《心靈散步》，藍瓶子文化出版社
- Hay, L. 著 黃春華譯 (2001)《創造生命的奇蹟》，生命潛能出版社
- 黃桂林 (2001)《活得更精彩—觸動心靈智能的 52 種啟示》，明窗出版社
- 劉遠章、陶兆輝 (2001)《啟動創意潛能 - 潛意識創意工程》，明窗出版社
- 李中瑩 (2001)《NLP 一幫助人生變得更快樂的學問》，P.E.M.I 出版社
- 向培風 (2001)《尋訪愛智國度》，笙易有限公司文化事業部
- Ellis, A 著，劉小青譯 (2002)《理情行為治療》，張老師文化

分野 Differentiation

顯明差異，練達成長心態

- 陶兆輝 劉遠章 (2002)《人生教練— Life Coaching》，明窗出版社
- 李美愛 著，佟曉莉 譯 (2002)《愛的幸福》，二十一世紀出版社
- Ellis, A. 著，劉小青譯 (2002)《理性行為治療》，張老師文化 (台北)
- 曾文星 (2002)《文化與心理治療》，中文大學出版社
- 林麗珊 (2003)《人生哲學》，三民書局
- 陶兆輝 劉遠章 (2004)《我選擇快樂—快樂心理學》，明窗出版社
- 瓦西列夫 著 王永軍 譯 (2004)《愛的哲學》，國際文化出版公司
- 傅佩榮 (2005)《哲學與人生》，東方出版社
- 李中瑩 (2006)《重塑心靈— NLP 一門使人成功快樂的學問》，世界圖書出版有限公司北京公司
- Seligman, M 著，洪莉 譯 (2008)《一生受用的快樂技巧》，遠流出版社
- Egan, G，鐘瑞麗譯 (2009)《助人歷程與技巧 - 有效能的助人者》，新加坡商聖學習亞洲私人有限公司臺北分公司
- 陶兆輝、劉遠章 (2009)《盲點心理學—看見看不見的智慧》，匯智出被社
- Carnevale 著，呂嘉寧、吳志祥譯 (2009) 《心理諮商箴言—給實務工作者的 110 個提醒》，心理出版社
- 鈴木大拙，林宏濤譯 (2009)《鈴木大拙禪學入門》，商周出版 (台灣)
- 車文博 (2010)《人本主義心理學大師論評》，首都師範大學出版社
- 宋麗玉、施教裕 (2010)《優勢觀點—社會工作理論質實務》，社會科學文獻出版社
- 黃龍傑 (2010)《災難後安心服務》，張老師文化
- 林孟平 (2010)《輔導與心理治療》(增訂版)，商務印書館 (香港)
- 馬斯洛，石磊 編譯 (2011)《馬斯洛談自我超越》，天津社會科學出版社
- 黃惠惠 (2011)《助人的歷程和技巧》(增訂版)，張老師文化
- 張春興 (2011)《心理學概要》，東華書局
- 劉遠章 文本編輯，廣東省社工師聯合會編 (2012)《用生命影響生命—了解專業社會工作》，中國社會出版社
- Seligman 著，洪莉 譯 (2012)《邁向完滿》，遠流出版公司
- Erikson and Erikson 著，廣梅芳 譯 (2012)《生命週期完成式》，張老師文化

- Perry Phikippa 著，吳四明譯 (2013) ,《如何維持情緒健康》How to Stay Sane. 人生學校 . 先覺出版社

- Lyubomirsky 著，謝明宗 譯 (2014)《這一生的幸福計劃》，久石文化事業有限公司

- Harari 著，林俊宏譯 (2014).《人類大歷史—從野獸到扮演上帝》，遠見天下文化

- Fredrickson 著 (2015). 蕭瀟 譯，《愛是正能量，不練習，會消失》，台灣橡實文化

- Fredrickson 著，蕭瀟 譯 (2015)《愛是正能量，不練習，會消失》，台灣橡實文化

- Walter Mischel 著，陳重亨譯, (2015)《忍耐力—其實你比自己想的更有耐力》，時報出版社會社 (台灣)

- William, U. 著，沈維君 譯 (2016)《説服自己，就是最聰明的談判力》，時報文化出版社

- 蒙田 著，潘麗珍、王論躍 譯 (2016)《蒙田隨筆全集》，臺灣商務印書館股份有限公司

- Luitjen and Siedrist 著，王榮輝譯，(2016)《Take a Break 30 分鐘高效能：韌性》商周出版 (台灣)

分野
Differentiation
顯明差異，練達成長心態

作　　者 ｜ 陶兆輝　劉遠章

出版經理 ｜ 林瑞芳

責任編輯 ｜ 鄭樂婷、趙步詩

封面及美術設計 ｜ joe

插　　圖 ｜ 劉遠章

出　　版 ｜ 明窗出版社

發　　行 ｜ 明報出版社有限公司

　　　　　香港柴灣嘉業街 18 號

　　　　　明報工業中心 A 座 15 樓

電　　話 ｜ 2595 3215

傳　　真 ｜ 2898 2646

網　　址 ｜ http://books.mingpao.com/

電子郵箱 ｜ mpp@mingpao.com

版　　次 ｜ 二〇一八年十二月初版

I S B N ｜ 978-988-8525-02-7

承　　印 ｜ 美雅印刷製本有限公司